陪孩子走过 0~6岁关键期

邢子凯　钱美希 著

中国纺织出版社有限公司

国家一级出版社
全国百佳图书出版单位

内 容 提 要

本书是作者多年从事家庭教育工作的经验总结，全书围绕0～6岁孩子的日常养育问题，从父母面临的高频育儿挑战入手，通过真实的育儿案例，解读孩子的内心及行为背后的原因，从而让父母更懂孩子，让孩子享受更好的家庭教育。

图书在版编目（CIP）数据

陪孩子走过0～6岁关键期 / 邢子凯，钱美希著. -- 北京：中国纺织出版社有限公司，2022.11
ISBN 978-7-5180-9738-8

Ⅰ.①陪… Ⅱ.①邢… ②钱… Ⅲ.①幼儿教育—家庭教育 Ⅳ.①G781

中国版本图书馆CIP数据核字（2022）第139784号

责任编辑：刘 丹　　　　　　　　特约编辑：武亭立
责任校对：王花妮　　　　　　　　责任印制：储志伟

中国纺织出版社有限公司出版发行
地址：北京市朝阳区百子湾东里A407号楼　邮政编码：100124
销售电话：010—67004422　传真：010—87155801
http://www.c-textilep.com
中国纺织出版社天猫旗舰店
官方微博 http://weibo.com/2119887771
天津千鹤文化传播有限公司印刷　各地新华书店经销
2022年11月第1版第1次印刷
开本：880×1230　1/32　印张：10
字数：200千字　定价：58.00元

凡购本书，如有缺页、倒页、脱页，由本社图书营销中心调换

自 序
PREFACE

为什么要写这样一本书呢？还要从在异国他乡的那场交通事故说起。

2011年，我在美国的大街上被飞驰而来的黑色SUV撞飞，生平第一次听到内心深处的声音："我想要一个孩子。"

听到自己内心的声音，我震惊了。更震惊的是，人一旦听到自己想要什么，就都会实现。一个月后，我从西雅图飞回北京。一年后有了女儿小米，我实现了劫后余生的人生愿望——要个孩子。两年后，我的儿子小来也降生了。我用两个孩子的名字命名了自己创办的幼儿园，并提醒自己勿忘初心，希望孩子们能勇敢做自己。

幼儿园秉承"家长先上课，孩子再入学"的"大小共学"办学理念，受到了知名上市公司企业家、大学教授、心理咨询师、中外艺术家等有影响力家庭的认可，他们有的搬家追随，有的每天不辞辛苦往返50公里接送孩子。学校越做越有名，但我却开始困惑，这些孩子成长得这么好，到底是学校好，还是家庭教育好？

直到2020年肆虐全球的新冠肺炎疫情爆发，我的线下学校被迫关闭，一贯的忙碌生活一下子按下了暂停键。当一个人守在3000平方米的没有开暖气的校区里，我无数次问自己，在这个特殊的时期，孩子到底更需要学校，还是更需要家庭？

如果学校不能开门，我们还可以做什么？

既然开不了门，我就带着老师们开始在线上的短视频直播平台讲家庭教育，当看到有云南昭通、青海玉树等偏远地区的家长在我们的直播间，当看到短视频播放量超过 2 亿的时候，我和老师们第一次知道线上家庭教育竟然被这么多人需要。从北京到海南陵水，从杭州到云南大理，我们多么希望把家庭教育认证课带到更需要的地方，在每个城市、乡镇培养当地的家庭教育老师。

  从创办幼儿园到培养 3000 余名家庭教育讲师，从重返学校攻读儿童心理学硕士和博士学位到撰写出版家庭教育专著，我笃定了自己的人生使命——从事家庭教育事业。与本书的第二作者结缘，也是因为家庭教育，钱美希曾经是知名中学的语文老师和上市公司企业高管。她儿子出生后，为了给孩子提供更好的教育，所以来找我学习，我见证了她从一名语文老师成长为受人喜爱的家庭教育老师，她跟随我举办"跟米来妈妈学家庭教育"认证培训近百场，我们共同梳理总结了过去这些年一线培养家庭教育老师的教学经验，探访了上千个真实的育儿案例，最后汇总成这本《陪孩子走过 0～6 岁关键期》，希望从日常生活中父母面临的高频育儿挑战入手，带你走进孩子的内心，了解孩子行为背后的原因，让父母读懂孩子的心理，让天下的孩子都能享受到更好的家庭教育。

  你准备好加入我们了吗？

  本书前期的素材整理，包括每个章节的案例均由钱美希提供，每个小节的热身、方法、小练习和全书的大纲设置及统稿工作由我来完成。此外，还要感谢米来幼儿园的老师们，他们的带班经验为本书的撰写提供了支持。

邢子凯
2022 年 5 月

目录
CONTENTS

第一章　迎接新生命

第一节　养育一个有"超能力"的孩子是怎样的体验　/ 003
第二节　尊重是给孩子最好的礼物　/ 013
第三节　宝宝的凝视是对父母的深爱　/ 022
第四节　无为而治是养娃的最高境界　/ 031

第二章　日常照料篇

第一节　摸不准的睡眠规律，新手爸妈的破碎睡眠　/ 041
第二节　岁月静好，可否等5秒钟　/ 048
第三节　甜蜜的烦恼，宝宝太黏人　/ 058
第四节　如何从容优雅地带娃看病　/ 068

第三章　成长规律篇

第一节　我的宝宝真的会坐了吗　/ 079
第二节　扭转睡渣宝宝有妙招　/ 087
第三节　牙齿，生长发育的里程碑　/ 095
第四节　宝宝的语言发展　/ 102

第四章 自由玩耍篇

第一节 玩具多少才算够 / 113

第二节 关于玩具,捡不断,理还乱 / 122

第三节 宝宝分心不专注该怎么办 / 130

第四节 提升亲子旅行质量,花钱不如花时间 / 137

第五章 规则界限篇

第一节 规则意识是一场生命教育 / 147

第二节 宝宝不遵守规则怎么办 / 154

第三节 宝宝不吃饭,饿一顿就好了 / 162

第四节 电视、手机、动画片,到底能不能看 / 169

第六章 情绪管理篇

第一节 让情绪会说话 / 179

第二节 陪孩子哭是一种革命友谊 / 189

第三节 负面情绪是毒药还是解药 / 196

第四节 生命教育是宝宝的必修课 / 205

第七章 习惯性格篇

第一节 培养一个有耐心的宝宝,从现在开始就刚好 / 215

第二节 培养孩子的创新力,多久才算早 / 224

第三节　宝宝太胆小，玄妙的安全感到底从哪儿来　/ 232

第四节　妈妈学会放手，宝宝才能学会自信　/ 241

第八章　社交关系篇

第一节　俩娃出手打架了怎么办　/ 251

第二节　送孩子去幼儿园是个难题　/ 259

第三节　宝宝被"欺负"了，该打回去吗　/ 266

第四节　宝宝高冷，不愿意交友怎么办　/ 275

第九章　和谐养成篇

第一节　抱还是不抱，这是个问题　/ 285

第二节　怎么说话宝宝才肯听　/ 292

第三节　爸爸妈妈催催催，生个小磨蹭怎么办　/ 298

第四节　做事配合的天使宝宝怎么培养　/ 305

第一章
迎接新生命

人的教育在他出生的时候就开始了,在能够说话和听别人说话以前,他已经受到教育了。

——卢梭

本章介绍了新手父母在育儿过程中经常遇到的问题,即如何让新手父母快速进入初为父母的身份,比如:小婴儿有哪些"超能力"、"宝宝经常突然夜里醒来哭怎么办"、"如何与宝宝建立连接"等。在本章中,你将看到我们对这些常见现象的分析与总结,希望你能借由它们,轻松开启育儿的新篇章。

第一节 养育一个有"超能力"的孩子是怎样的体验

> **来热身啦**

在你的心目中,刚刚出生的小婴儿更符合下面哪个描述?

A. 软绵绵的小家伙,什么都不会做,吃喝拉撒都不能自理

B. 像个小超人,天生就有超能力,出生 3 天就能拥有十多项技能

你的选择是:＿＿＿＿＿＿＿＿

关于小婴儿的能力,你最想了解哪些问题?
- 1. 小婴儿真是软弱无能的吗?
- 2. 小婴儿有哪些"超能力"?
- 3. 怎样才能发现孩子的"超能力"?
- 4. 知道孩子有没有能力,对我们的养育有什么影响?

1. 小婴儿真是软弱无能的吗？

2021年年初，我的一位大学同学刚刚做了父亲，他的爱妻生了一个可爱的男孩。我去探望的时候，刚好看到他正在小心翼翼地学着抱孩子，胳膊僵硬得不敢动一下。把儿子放回小床上后，他轻舒了一口气，对我说："他怎么那么小，那么软？世界上的各类动物自一出生就能够基本独立生活——可以站立、可以觅食，之后经过优胜劣汰，只有强者才能生存下来。但是人类的小婴儿怎么是个例外呢？"我的这位同学在上学时就钟爱《动物世界》，问出这样的问题也就不奇怪了。

人类的小婴儿向来被视为软弱无能、消极被动的生物个体——出生时不会站立，不能移动，吃喝拉撒通通不能自理。换句话说，倘若任其自生自灭，成活率是极低的。这么看来，人类仿佛是上天的宠儿，不必经历风吹日晒，就有房屋避暑遮阴，小婴儿更是不必动手，就有吃有喝，暖饱适宜。事实上，人类本身就是经过残酷的优胜劣汰，才发展到现在的阶段。物竞天择，适者生存，这才是人类能够立足于大千世界的基本法则。

思及此处，我们再回到文章开头的问题：小婴儿真是什么都不会做、软弱无能的吗？

实际上，我们以为小婴儿软弱无能，可能也只是我们根据既有的有限经验臆想出来的。但凡你的身边有了一个刚刚升任"父母"一职的朋友，你一定能够从他们的口中听到家中的小天使有的时候是多么能吃能睡、惹人爱，有的时候却又连哭带哼唧地让人不知所措。

殊不知，这里头就藏着小婴儿的"超能力"呢！

2. 小婴儿有哪些"超能力"？

小婴儿有哪些能力呢？

可能我们根本就没有思考过这个问题。

我们常常认为，小婴儿能有什么能力？他们什么都不会做，全都靠大人在照顾啊！

那么我们来思考以下问题：

A. 你是如何知道小婴儿想要吃奶呢？

因为你观察到小婴儿＿＿＿＿＿＿＿＿、＿＿＿＿＿＿＿＿，所以你判断，这个时候他应该是饿了，想要吃奶。

B. 你是如何知道小婴儿最爱的人是妈妈呢？

因为你观察到小婴儿＿＿＿＿＿＿＿＿＿＿＿＿＿＿＿＿＿＿＿、＿＿＿＿＿＿＿＿＿＿＿＿＿＿＿＿＿＿＿＿＿＿＿＿＿＿＿＿，所以你判断，小婴儿对妈妈的爱真的是发自内心的。

每个妈妈观察到的宝宝都是不一样的，但是我猜猜看，你可能会观察到小婴儿哇哇哭了、哼唧了、吧唧嘴了，把手指头放在他的脸颊，他会急切地想把小嘴转过去……当你发现了这些信号时，你会意识到，小婴儿饿了，想要吃奶了。

同样，你可能会观察到小婴儿喜欢贴着妈妈；盯着妈妈看；有妈妈在身边时，睡得更香甜……当你意识到宝宝的这些行为时，你会判断出，小婴儿对妈妈的爱是发自内心的。

事实上，即使是刚出生3天的小婴儿，也会做很多事情。我们一起来看看：

会喜欢贴着妈妈；

会感知周围的环境；

会主动找妈妈的乳头；

会吮吸；

会吞咽；

会挥动胳膊和腿；

会抓住放在手中的东西；

会有笑容；

会哭；

会发出声音；

……

瞧，即使是刚出生3天的小婴儿，也并不是"一无所能"，他们拥有的这些能力，既不是我们的无端想象，也不是偶然个例，而是我们真真切切观察到的。刚刚出生的小婴儿，就有这么多的"超能力"，简直不可思议。

其实并不止这些。从生理学的角度来看，小婴儿自出生起就有一系列反射，称为"非条件反射"，比如觅食反射、吮吸反射、踏步反射、抓握反射、惊跳反射、射箭反射、游泳反射等。随着他的成长这些反射会逐渐消失，或者被其他的反射替代。这些反射无一例外都为人类适应环境奠定了重要的基础，也是小婴儿个体调节自身生命活动的重要机制。

而我们之所以把这些貌似普通的能力称为"超能力"，是因为我们常常只记得小婴儿的"无能"，选择性遗忘了他们作为生命体，本身所蕴含的强大生命力。所谓"超能力"，实际上是小婴儿所具备的，超出了我们成人惯性思维范畴的能力。

3. 怎样才能发现孩子的"超能力"？

既然小婴儿有这么多的"超能力"，那么随着孩子的成长，这些"超能力"是会越来越强大，还是会逐渐消失呢？答案就藏在每个孩子的身上。

还记得我们刚才是怎样发现小婴儿的"超能力"的吗？

第一步，我们问了自己几个问题。

孩子的好奇心是他们认识世界和探索世界的内在动力，而父母的好奇心则是我们认识孩子和了解孩子的最大助力。当我们轻易地下一个结论——宝宝饿了，或者是打算做一个决定——我得去给他喂奶，在做这些思考和行动之前，我们先来带着好奇心问问自己："你是怎么知道宝宝饿了呢？宝宝做了什么？发出了什么声音？露出了什么表情？"当我们暂停下来，只需要几秒钟，我们就创造了一个极好的机会去走进孩子的世界。

第二步，我们认真观察自己的孩子。

观察，是养育者读懂孩子的重要途径。当我们把孩子交给育儿嫂的时候，我们希望她有丰富的经验和敏锐的观察力，来判断小婴儿的需求；我们希望她通过观察孩子不同的哭声和表情，能够得知小婴儿是需要喂奶，还是希望抱抱。当我们把孩子送到幼儿园的时候，我们期待老师有专业的素养和极大的耐心，来陪伴孩子成长；我们期待老师给我们的反馈不仅仅是"你们家孩子真棒！"而是更加具体的、详细的描述："你们家孩子在吃午餐的时候，先帮助老师给每个小朋友发放餐具，然后才坐在自己的位置上，把自己的午餐吃得干干净净。"

我们尚且期望孩子的其他养育者、陪伴者能够有深入、敏锐的观察，来及时回应孩子的需求，准确记录孩子的成长轨迹，我们为何不试试自己来做好这件事呢？认真地观察3天，你就会发现，孩子不仅是天生的探索者，也是自发的学习者。

第三步，我们带着满满的爱和欣赏去看待孩子。

满满的爱和欣赏，是孩子在儿时获得的最棒的礼物。然而，谁不是带着满满的爱和欣赏来看待自己的孩子呢？但是，我们是不是有的时候会期待："孩子的眼睛更大一些就好了""更听话一些就好了""不乱扔东西就好了""说话早一点就好了"……我们很少产生"无论怎样，在我心中，我的孩子怎么看都顺眼，怎么看都喜欢"这样的感觉，即使有，也担心会被扣上"溺爱"的帽子。其实，我们错把"无条件的爱"等同于"无条件地满足"了。

事实上，对于孩子而言，这种无论怎样都被欣赏的爱，是他充分发展自己能力的重要基础。当我们带着满满的爱和欣赏去看待孩子、观察孩子，我们会欣喜于他的每一分成长和变化，会发现他原本就是一个散发着光芒的"小超人"。

所以，我们怎样才能发现孩子的"超能力"呢？我们要以纯粹的好奇心，来认真观察这个小天使，放下惯有的思维方式，放下我们对孩子的评判，带着满满的爱和欣赏去看待孩子，"超能力"自然就被发掘出来了。

4. 知道孩子有没有能力，对我们的养育有什么影响？

了解孩子的"超能力"，即使小婴儿也能发出自己独特的信号，但是，这又能如何呢？这大概是很多父母困扰的问题。

我们来做三组选择题。

（1）关于照顾孩子这件事：

A. "照顾孩子"是大人的事，有时开心，有时麻烦，有时还有点崩溃。

B. "照顾孩子"是大人和孩子共同合作的愉悦体验。

（2）关于孩子的成长节奏：

A. 有点焦虑，我们家孩子怎么还不会爬/走路/说话。

B. 比较淡定，相信孩子有能力支配自己的身体。

（3）关于给孩子提供帮助：

A. 孩子一哼唧，或者表示出想要什么玩具，我就帮他拿什么玩具。

　　B.给孩子提供适宜的环境，观察孩子的努力，不会轻易打扰他观察世界的安静状态。

　　当你知道孩子有能力的时候，你会怎么对待他？
　　关于"照顾孩子"，你会选：＿＿＿＿＿＿＿＿＿＿＿＿＿＿
　　关于孩子的成长节奏，你会选：＿＿＿＿＿＿＿＿＿＿＿＿
　　关于给孩子提供帮助，你会选：＿＿＿＿＿＿＿＿＿＿＿＿
　　当你觉得孩子是软弱无能的时候，你会怎么对待他？
　　关于"照顾孩子"，你会选：＿＿＿＿＿＿＿＿＿＿＿＿＿＿
　　关于孩子的成长节奏，你会选：＿＿＿＿＿＿＿＿＿＿＿＿
　　关于给孩子提供帮助，你会选：＿＿＿＿＿＿＿＿＿＿＿＿

　　当这两组选择题的答案呈现出来的时候，我们内心的答案也呼之欲出了：我们对孩子能力的认知和信念，潜移默化地影响着我们养育孩子的态度。认为孩子是软弱无能的，和相信孩子是有能力的，在照顾孩子时，方式是完全不同的。因为我们的信念会直接影响我们的行为。我们的信任会让孩子充满自信。

　　当我们了解并且相信婴儿是"小超人"之后，我们对待孩子的态度就会变得大不一样。

　　我们不会觉得"照顾孩子"是大人一厢情愿的事，而是和孩子共同合作的愉悦体验。

　　我们不会焦虑孩子怎么还不会翻身、不会爬、不会站立，因为孩子是有能力支配自己的身体的。

　　我们不会急着帮助孩子去拿玩具，不会打扰他观察世界的安静状态，不会让自己陷入焦躁不安的状态。

当我们完全信任孩子拥有这样的能力时，我们才能够学会放松，才会得到内心的安全感。因为我们相信，当孩子需要爸爸妈妈的时候，他会有办法告诉我们的。

亲爱的爸爸妈妈，给自己 5 分钟，什么事情都不要做，只是静下心来观察你的宝宝，看看他能带给你什么惊喜，看看你的宝宝，是不是也是小超人？

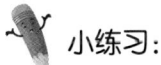 小练习：

看完这篇文章，放下书本，认真地观察你的孩子 5 分钟，看看他做了什么？发出了什么声音？有什么样的情绪？在表达什么样的意思？

现在是_____年_____月_____日_____时_____分，我的宝贝_____（孩子的昵称）_____（岁/月）啦！

我刚刚认真地观察了宝贝_____分钟。

我发现他做了这些事：_____
_____
_____

他发出了这样的声音：_____
_____
_____

他的情绪可以用这样的词语来形容：_____
_____
_____

他想要表达这样的意思：_____
_____
_____

最后，给自己一个大大的拥抱，因为我们不仅拥有发现美的眼睛，还拥有发现"超能力"的眼睛！

第二节　尊重是给孩子最好的礼物

来热身啦

假如你是一个刚出生的宝宝,你最想要什么样的礼物呢?给它们排排序吧!

①手工床铃　②安抚玩具　③高端早教　④悉心照料
⑤妈妈陪伴　⑥发自内心的尊重
⑦其他:_____

你的排序是:_____

关于尊重孩子,你最想了解哪些问题?
- 1. 我们是如何尊重孩子的?
- 2. 对孩子来说,什么是尊重?
- 3. 怎样做才是尊重孩子?
- 4. 我尊重孩子了,谁来尊重我呢?

1. 我们是如何尊重孩子的？

幼儿园老师在家长群里问了一个问题："你觉得你尊重你的孩子吗？"很多爸爸妈妈第一时间就回答："当然尊重啊！"

再继续追问："从哪些方面可以看出来呢？可以举个例子吗？"

有妈妈回答："孩子周末想去哪儿，我就带他去哪儿。"

还有妈妈回答："孩子一哭，我就赶紧抱起来。"

但是，再想听到其他答案就有些难了。因为"尊重"这个词，好像不够具体，不太好界定。

再接着问一个问题："你是从什么时候起开始尊重孩子的呢？"

爸爸妈妈们纷纷自豪地回答："从懂事开始，就很尊重他了！"受到科学育儿理念影响的父母们已经清晰地意识到，每一个孩子都是独立的个体，成人对孩子的尊重不容忽视。

按照人本主义心理学家马斯洛提出的需求层次理论，人类的需求一共有5个层次，简单来说就是：

生理需求

安全需求

爱和归属感

尊重需求

自我实现

用金字塔模型来呈现之后，会很容易发现占据金字塔底端的是人类最基础的需求,生理需求和安全需求,而处于金字塔上层的则是较高层次的需求,爱和归属感、尊重、自我实现。一般来说,需求层次是依次递增的,底层的需求获得满足后,下一层需求才会呈现。

所以我们可以看到,在物资匮乏的年代,父辈在养育我们时,最为重视的是前两个需求层次,孩子健康平安是他们这代人养育孩子时的核心诉求。即使现在物质生活已经极大丰富,隔代养育的家庭中依然可以看到他们在养育孙辈时带有深刻的时代烙印。

同样,我们这一代人养育孩子时也带有时代的痕迹,不再顾虑生理和安全等生存问题,而是更追求发展,讲究满足孩子爱和归属感的需求,也试图尽自己的所能去尊重孩子。然而现实问题是,对孩子来说,尤其是小宝宝,到底什么是"尊重"?怎样做才是"尊重"呢?

2. 对孩子来说,什么是尊重?

正如开头的问题中,我们很难对"尊重"下定义。那么,我们不妨问自己一个问题:"你在什么情况下感觉到自己不被尊重?"我们来看下面这个多选题。

勾选一下,以下哪些场景会让你感到不被尊重?

场景1:和爱人一起聊天,他低头看手机,还咧嘴傻笑。你会不会气得想要扔掉他的手机?

场景 2：拍了一张自拍，发给爱人，他半天没回音，问起来却随口说道："嗯，挺好看的。"或者是回复："你还敢 P 得再狠一点儿吗？脸都 P 成锥子了。"你满腔的期待是不是全都化作了恼羞成怒？

场景 3：在家热火朝天地忙活家务，刚歇一会儿，发现爱人居然不知道什么时候出门了，电话也不接，短信也不回。你是不是心头火"噌"地一下就蹿上来了？

如果你把 3 个场景都勾选了，那么恭喜你，你对"尊重"有了初步的认知。其实，如果打开话匣子，"不被尊重"的例子简直不胜枚举。"当我明明付出了很多努力才完成的报表，老板却看都不看一眼，或是批得一无是处""老板今天才告诉我，明天要出差一周，让我连心理准备都没有""老公说跟老 A 去喝酒了，我给老 A 打电话，人家根本就没出门！"……

这些看似不值一提的小事，都会引起当事人或强烈或轻微的负面情绪，比如沮丧、郁闷、失落、愤怒等。事实上，这些小事引起的不适行为，比如没有被重视、不被信任、被忽视、不被认可、不被理解、被隐瞒欺骗等，都是典型的不被尊重的情况。

那我们在对待孩子的时候呢？有没有这些情况呢？再来做一组多选题。

勾选一下，以下哪些场景会让孩子感到不被尊重？

场景 1：孩子希望我们下班回来玩耍，爸爸妈妈却一边陪伴，一边忙着看手机，打工作电话。是不是算作不重视他们、忽视他们呢？

场景2：孩子自己画了一幅创意满满的图画，满心期待我们的关注，我们却草草地回应一声："嗯，不错！"或是"你这画得不对，脸怎么能是绿色的呢？"甚至是："我的工作手册啊，看你画成什么样子了！"这是不是算作不认可他们、不理解他们呢？

场景3：孩子在家正玩得专心，我们偷偷摸摸地离开了。当孩子发现的时候大哭不止或是满心失望，是不是在表达自己被隐瞒欺骗、不被告知的不满呢？

我们可以清晰地看到，孩子其实很容易读出成人行为背后的隐藏信息：爸爸妈妈对自己不重视、不信任、不认可、不理解。我们也许会辩解说，我们不是故意的，这是孩子的误读。但即使是误读又怎样？孩子的内心感受就是如此。

3. 怎样做才是尊重孩子？

作为情绪管理已经略有小成的成年人，面对这些屡屡不被尊重的场景，即使没那么容易发火冲动，但内心的情绪是不可否认的。积年累月下来，这些不值一提的小事也许就会成为某次家庭战争的导火索。

将心比心，孩子面对父母无意中的"不尊重"，他们内心会是什么感受呢？而且正是因为无意，所以才时常发生，长期下来又会是什么样子呢？

就好比我们长期在一个"不受尊重"的环境中工作，天天客户爱搭不理，老板不认可，总有突发任务，那肯定早就想辞职不干了，谈何价值感和归属感呢？如果孩子长期生活在"不被尊重"的氛围中，他一定会想方设法地逃脱、报复、叛逆、捣乱、自暴自弃，更谈不上自身价值的实现，对家庭也会缺乏归属感。

在我的孩子刚刚添加辅食的时候，一位长辈曾语重心长地向我传授经验："要是孩子吃一会儿就不想吃了，你不要管他什么反应，只管给他喂。他要是扭头不吃，你就趁他不注意偷偷地喂，喂到你觉得他吃饱了，他才是真的吃饱了。孩子根本不知道饥饱，大人才知道。"虽然我知道这位长辈经历过饥荒年代，理解她对吃饱穿暖这类生理需求有深刻的执念，但她的这番理论依然让我瞠目结舌。更让我感慨的是，我的这位长辈并不是说出了多么匪夷所思的陈旧思想，因为当我跟许多年轻的爸爸妈妈分享这个事例时，他们都承认这些行为依然发生在很多家庭中。在我们的实际生活中，尽管我们有了尊重孩子的理念，但仍然不知道从哪做起。

那么，怎样才能尊重孩子呢？很简单，把孩子看作一个平等的人。换句话说，把孩子当作一个成人，把你当作一个孩子。己所不欲，勿施于人。这句话不仅仅适用于成人之间，也适用在亲子沟通时。我们如何对待自己珍视的朋友，对待自己敬重的师长，就如何对待自己的孩子。我们和自己的朋友、师长一同用餐，对方说"吃饱了"，我们出于客套或关心，可能会劝一下"再吃点儿吧！"但是如果对方再三表示"吃饱了"，我们还硬要给对方夹菜添饭，恐怕就不大妥当了。同样的道理也适用于照料孩子。

那么什么时候开始尊重孩子呢？

从出生开始。那个看似一无所知，连移动都很困难的小孩子，他也渴望得到尊重。

他希望妈妈在换尿布的时候，轻轻地提前告诉他，而不是抬起屁股就完成任务一般地换尿布。

他希望妈妈在把他递给不认识的叔叔阿姨、爷爷奶奶的时候，考虑一下他的感受。

他希望在学习翻身的时候，妈妈不要着急去帮他，而是相信他正在努力。

再大一点的孩子，更需要得到我们真诚的尊重。

他希望在自己专心玩耍的时候，妈妈不要突然来打扰，突然抱走，突然把尿。

他希望在妈妈要离开的时候，提前认真地告诉他事实和回来的时间，给他情感的安抚，而不是悄悄走掉或是欺骗。

他希望他创作的作品得到妈妈的关注，而不是草率应对，相信孩子，他能感受到真诚和应付的区别。

所以你看到了，对孩子的尊重并不是要刻意为之，而是细水长流。在照顾孩子的吃喝拉撒时，在孩子学习翻坐爬站时，在跟孩子相处的一点一滴中，尊重才会显现出来。看起来容易，但做起来的确很难，形成一种习惯更是需要过程。但是相比孩子从中获得的成长，这些努力就显得物超所值了。

4. 我尊重孩子了，谁来尊重我呢？

那只有我尊重孩子，谁来尊重我呢？尊重是相互的，孩子从父母的行为中习得尊重。

对于小宝宝的父母来说，每天有大量的照料任务，身心疲倦是常有的事，我们也很少会跟懵懂的孩子去诉说自己的感受。事实上，当你很累的时候，你可以看着宝宝的眼睛，认真温柔地对他说："我知道你很想让妈妈现在陪着你，但是妈妈现在很累了，想要去床上躺一会儿，马上回来。"当照顾到自己的需求时，我们才能更开心、更轻松地照顾我们的孩子。

习惯的力量是巨大的，当你习惯于尊重孩子，并且尊重自己的时候，我们为宝宝也树立了"人与人之间相互尊重"的榜样。久而久之，孩子自然也学会尊重自己，尊重他人。

你也许会疑惑，那么小的宝宝，他能听得懂吗？其实，一开始我也是有点怀疑的。后来，在美国婴幼儿育养中心的课堂上，我们有一次练习"用尊重的方式抱起宝宝"，我从头到尾用中文和婴儿模型交流，一边看着他的眼睛轻声说话，一边温柔缓慢地抱起他。那位外国导师满脸微笑地说："我一句都没听懂你说的话，但是我完全可以感受到你浓浓的爱和耐心。"我恍然大悟，小宝宝也一样，无论他们是否听得懂我们的语言，我们的认真和温柔，耐心和关怀，小宝宝天生就可以感受到。

亲爱的爸爸妈妈，给自己列一个简单易行的小计划吧！尊重孩子，并非遥不可及。

 **小练习：**

看完这篇文章，放下书本，认真地思考一下，在日常照料孩子时，怎样可以让孩子感到被尊重？

喂孩子吃饭/喝奶时：_____

给孩子换尿布时：_____

陪孩子玩耍时：_____

跟孩子告别时：_____

其他：_____

你打算什么时候开始尝试新办法呢？

我就在家里，现在就尝试！

宝宝没在身边，回家就尝试！

爸爸妈妈帮助宝宝制作睡眠习惯记录表

爸爸妈妈打算做什么	爸爸妈妈如何跟宝宝沟通	宝宝的反馈情况

第三节　宝宝的凝视是对父母的深爱

> **来热身啦**

你认为，宝宝在人群中准确找到自己的爸爸妈妈需要多长时间？

A. 5～10 秒

B. 1 分钟左右

C. 很难找到

你的选择是：＿＿＿＿＿＿＿＿

关于宝宝对父母的爱，你最想了解哪些问题？
- 1. 宝宝为什么总爱盯着妈妈的脸看？
- 2. 当宝宝盯着你看时，他在看什么？想要看什么？
- 3. 50000 分钟高质量的亲子陪伴从哪里来？
- 4. 如何赢得 50000 分钟高质量的亲子陪伴？

1. 宝宝为什么总爱盯着妈妈的脸看?

糖糖的妈妈最近发了一条朋友圈:"当妈后,终于享受了一把明星的待遇,走到哪儿都有粉丝眼睛冒光地盯着。"这个"粉丝"是谁呢?当然就是糖糖啦!每当妈妈满含爱意地看着糖糖时,她都毫不吝啬地回以最真诚的注视。一直到妈妈被看得都不好意思了,糖糖仍然目不转睛地看着妈妈,甚至有的时候糖糖跟其他小伙伴玩得正好,只要妈妈从她身边经过或是出现在她的视线范围内,她就立刻看向妈妈。不过糖糖爸爸倒是打翻了醋坛子:"闺女,你咋不看看爸爸,说好的小情人呢?"

其实很多妈妈都有这种体验,宝宝总是盯着妈妈的脸看,哪怕是在吃奶的时候,也要无数次抬头看妈妈、对妈妈眯着眼笑一下,再低头吃两口,再抬头看。宝宝为什么爱盯着妈妈看呢?

从生理的角度来说,宝宝自一出生起,就最喜欢看人的脸,尤其能够准确识别出妈妈的面孔。因为刚出生的宝宝由于眼睛发育不完善,视觉神经发育不健全,所以只能看清楚近距离的事物。他的视力发展是个由模糊到清晰、由单色到彩色的过程,这就意味着宝宝可能看不清妈妈的样子。当宝宝还在妈妈肚子里的时候,他和母亲的身体紧密地连接着;他熟悉妈妈的声音和心跳,感受妈妈情绪的变化。所以等他出生后,妈妈就是他在这个陌生世界中最熟悉的人了,哪怕他看不清妈妈,却认识自己的妈妈。而随着各项身体机能的发展,宝宝就会非常想看一看最亲密的妈妈，好让妈妈的样子深深地刻在脑海里。

当宝宝大约 4 个月大时，就能逐渐分辨一些面部表情了，还能根据别人的表情来做简单的情绪判断。不仅如此，因为宝宝把安全感放在了爸爸妈妈身上，所以当宝宝要做什么事情时，就会不由自主地盯着妈妈看，这是在本能地征求妈妈的意见。比如，他吃奶时会时不时抬头看看你，观察你的表情，试探性地对你笑一下。糖糖妈妈还注意到，在自己心情不好时，糖糖的食量也会下降，可能是感觉到妈妈不开心了。宝宝 3 岁以前对自己感兴趣的任何面孔，都会目不转睛地盯着看。

从心理的角度来说，当宝宝全神贯注地凝视爸爸妈妈的时候，他们是在用自己最简单、最直接的方式表达："爸爸妈妈，我对你很感兴趣，我很爱你。"眼神是肢体动作、面部表情、语气语调等非语言交流中最无法掩饰的沟通方式，如同当我们深爱一个人的时候，眼睛会出卖我们一样。

2. 当宝宝盯着你看时，他在看什么？想要看什么？

你认为当宝宝盯着你看时，想要看什么呢？

A. 爸爸妈妈的样貌
B. 爸爸妈妈的情绪
C. 随便看看

你的选择是：＿＿＿＿＿＿＿

宝宝盯着爸爸妈妈看，是想要看自己最爱的那张脸。宝宝从出生起，就在自己白纸一般的脑沟回里，一遍又一遍地刻画着爸爸妈妈的模样。爸爸妈妈的眉眼、一颦一笑，都是他们小脑瓜里最想要记住的东西。如本能一般，宝宝努力记住爸爸妈妈的喜怒哀乐，记住爸爸妈妈每一次深情的凝视。

宝宝盯着爸爸妈妈看，是在指导自己的行为。在宝宝4个多月时，他们就能辨别出不同情绪的面部表情，比如快乐、忧伤、平静等，而且会根据爸爸妈妈的情绪，来决定自己将要做什么。有这样一个测试视频，在宝宝和妈妈之间设置"视觉悬崖"。宝宝往妈妈的方向爬，当妈妈非常严肃地看着宝宝时，宝宝爬到悬崖边上就犹豫不敢往前爬了，当妈妈面带微笑看着宝宝时，宝宝看着妈妈的脸就直接跨过了"悬崖"。妈妈的微笑、爱的力量以及对孩子的态度，都将对宝宝产生深远的影响。

依恋理论认为，在一个新生命的最初几年，与一个主要照料者建立强烈的情感和身体联系对其长远的发展有举足轻重的作用。如果这种联系十分紧密，彼此相依，那么婴儿就可以安全地探索世界。相反，如果联系十分薄弱，他就会感到不安。

依恋理论的先驱玛丽·爱因斯沃斯（Mary Ainsworth）女士发现，如果婴儿出生后的几个月，母亲能够长时间温柔地拥抱他，那么婴儿在12个月大时，就能和母亲建立起牢固的情感关系。相反，如果母亲不怎么抱孩子，并在这一年里让他有不快乐的经历，孩子会形成"焦虑—矛盾"的依恋模式。

宝宝的凝视中蕴含着对爸爸妈妈无限的爱，要怎样做才能不辜负宝宝的爱与依恋呢？

爸爸妈妈们要学会控制自己的情绪，多对宝宝微笑。我们不是要爸爸妈妈把自己变身成不知痛苦、没有负面情绪的"钢铁超人",而是爸爸妈妈们在面对宝宝的时候调节好自己的情绪,试着深呼吸三次,闭上眼睛5秒,暂时忘却烦恼,嘴角上扬,靠近你的宝宝。要知道在大脑镜像神经元的作用下,妈妈笑,宝宝也会笑,宝宝笑,妈妈也会笑,微笑的感染力是无穷大的。不管有多少烦心事,在面对宝宝时,妈妈都要学会控制自己的情绪,学会用微笑面对孩子。父母的正面情绪给宝宝带来出生后对这个陌生世界最初的安全感,从钟摆理论可知,如果把钟摆的左右两边分别贴上"安全感"和"探索欲"的标签,那么左边"安全感"摆动得越高,荡到右边"探索欲"才会越高。所以作为爸爸妈妈,一定要用自己的正能量去影响宝宝。不管多累,请微笑面对你的孩子。

3. 50000分钟高质量的亲子陪伴从哪里来?

在你的心目中,下列行为中哪些是高质量的亲子陪伴?

A. 宝宝在身边玩耍,自己不时看看手机
B. 跟宝宝一起玩耍
C. 给宝宝换尿布

你的选择是:_____

糖糖是一个4个月的宝宝,糖糖妈妈在近4个月的实践中,对于"换尿布（尿不湿，以下统称尿布）"这项工作已然成为一名熟练工。换尿布时，糖糖刚挨到床，就扯开嗓子哭，妈妈一腾开手就立刻把玩具塞到小家伙手里，显然是相当有经验。于是，糖糖挂着眼泪开始啃玩具，一边啃一边盯着妈妈。糖糖妈妈一边跟家人聊天，一边迅速地撕开粘扣，拿掉宝宝的旧尿布。然后，左手把糖糖的屁股一抬，右手马不停蹄地把新尿布塞到她的屁股底下。接着，擦护臀霜，扣上尿布的扣。这样一项每个妈妈闭着眼睛都能做好的事情，据说可以有 50000 分钟的高质量亲子陪伴。

50000 分钟的高质量亲子陪伴从哪里来？

从时间上看，在美国婴幼儿保教资源中心（RIE）导师黛博拉·卡莱尔·所罗门著、邢子凯翻译的《RIE 育儿法》一书中提到，平均每个宝宝在一生中会被换 5000 次尿布。平均每次换尿布耗时 10 分钟，那么宝宝的一生中将有 50000 分钟在换尿布中度过。

从质量上看，这 50000 分钟和宝宝无限亲密的时间，爸爸妈妈都是怎样度过的呢？有没有看着宝宝的眼睛？有没有温柔地跟宝宝说话？有没有轻轻地抚摸宝宝的身体？还是塞个玩具给宝宝，急于完成这项臭臭的任务？你的答案决定着在宝贵的 50000 分钟亲子共处时光中，宝宝是感受到了爱和尊重，还是感受到了不愉快。

"50000 分钟"这个惊人的数字令我们反思，看来无论多么微小常见的事情累计起来都可能是天文数字。不要忽略喂奶、换尿布、玩耍，这些看起来在宝宝成长过程中再简单不过的小事，做这些小事的时间累积起宝宝成长的时间，它们伴随宝宝的整个童年。

4. 如何赢得50000分钟高质量的亲子陪伴？

不必特意请假去陪孩子上早教班，也不必看不惯老人隔代养育，更不必抱怨初为人母的慌乱不知如何破解。赢得 50000 分钟高质量的亲子陪伴可以从换尿布开始。

第一步，提前做好准备。

首先是材料准备。爸爸妈妈要把换尿布所需的物品提前准备好，比如湿巾、护臀霜、新尿布、垃圾袋等。其次是心理准备。爸爸妈妈要将手机调成静音模式，告诉宝宝："爸爸妈妈把手机调成静音啦，接下来是咱们俩的专属时光，谁都不会来打扰，我超级期待呢！"把手机调静音是爸爸妈妈给自己的"心理准备"，不要小看这一举动，这是在潜意识里告诉自己：接下来要发生的事情无比重要，因为这是我和宝宝最亲密接触的时刻，不能被外界打扰。

第二步，提前告知。

爸爸妈妈慢慢地走向宝宝，轻轻地告诉宝宝："妈妈要给你换尿布啦！"不要认为宝宝听不懂就不跟他讲话，要知道从孩子开始能够发音时他的语言学习就已经开始了，起先是咿咿呀呀地练习，接着是单字的出现，"妈妈""爸爸"是我们听到的孩子最早的语言，然后是词—短语—短句—表达一个完整的意思—使用语言内在的功能。经过这几个阶段，我们发现从语言模仿开始，直到发现语言的美妙，孩子的语言就这样发展起来了。爸爸妈妈的语言对宝宝语言能力的发展起着至关重要的作用。好，现在慢慢地俯下身，告诉宝宝接下来会发生什么："妈妈会把你抱到大床上，脱掉你的湿尿布，给你换一个新的尿布哟！"然后轻柔而真诚地邀请他参与其中："你可以帮助妈妈一起完成换尿布的工作吗？"

第三步，等待宝宝做好准备。

爸爸妈妈跟宝宝做了预告之后，等一会儿，也许 5 秒，也许 10 秒。宝宝对语言的反应需要时间，即使宝宝在最初的几次中可能不理解你的意思，可你的等待及接下来的行为会帮助他很快地理解那些话语的含义。

第四步，换尿布。

爸爸妈妈在给宝宝脱裤子、去掉旧尿布、清洁小屁股、换上新尿布等动作前都跟宝宝做预告，温柔地看着宝宝的眼睛并且耐心地等待几秒钟，再轻柔地完成每一步。

"换尿布"这项任务做得这么"矫情"，有什么好处呢？

第一，获得 50000 分钟高质量的亲子陪伴时间。

第二，宝宝自出生起就获得了足够的尊重，他能感知自己是一个独立的人，而非被随意摆弄的物品。

第三，爸爸妈妈从内心深处尊重宝宝，这就为未来可能出现的无数亲子问题奠定了解决基础。

准备好下一个换尿布时间，并将其变成一次高质量的亲子时光吧。

小练习：

看完这篇文章，放下书本，认真地回想一下：

1. 自己一天会对宝宝说多少话？
A. 很多话，多到不计其数
B. 需要宝宝配合的时候会说，不说多余的话
C. 几乎不说

你的选择是：_____

2. 说话时是带着怎样的情绪、语气？

_____
_____

3. 说的是什么内容？

_____
_____

爸爸妈妈可以角色扮演一下，如果你作为宝宝躺在床上，在听到这样的话语后会有什么感受？并把感受告诉彼此。

4. 爸爸的感受是：_____
_____

5. 妈妈的感受是：_____
_____

第四节 无为而治是养娃的最高境界

> **来热身啦**

初为父母的你,焦虑指数是多少?

A. 0～2 分

B. 3～5 分

C. 5 分以上

D. 不能判断

你的选择是:＿＿＿＿＿＿＿＿

关于初为父母的焦虑,你最想了解哪些问题?
- 1. 面对怀中的小宝宝,如何做一个不焦虑的父母?
- 2. 都说让宝宝赢在起跑线上,什么是起跑线?
- 3. 如何与宝宝建立连接?

1. 面对怀中的小宝宝，如何做一个不焦虑的父母？

珠珠的降生给爸爸妈妈带来了莫大的欢喜，妈妈看着珠珠或是熟睡或是微微一笑的面庞，内心既满足又有一点儿惶恐和不安："我要是照顾不好宝宝，该怎么办呢？""我的宝宝要是将来夜醒频繁怎么办？""宝宝到底要不要睡枕头，怎么各种说法听起来都很有道理？"

其实珠珠的妈妈是一个雷厉风行的职场女强人，但是在养育宝宝的时候，好像完全变成了一个玻璃心的焦虑妈妈。这是正常的吗？如何才能做一个不焦虑的好妈妈呢？

（1）新手妈妈为什么会焦虑？

从主观因素上看，刚刚经历了生产的妈妈，体内激素水平和平常状态有很大的差别，生活环境也有了较大变化，这些会造成妈妈比平常更容易多思多虑。

从客观因素上看，宝宝出生后，生活中不可控的因素增加。在职场中，爸爸妈妈充满自信，是因为对负责的项目、服务的对象甚至老板都非常了解，工作中哪怕是有点儿小插曲，也都在可控范围内。每一个宝宝都是与众不同的存在，每一个阶段的宝宝都有其特点，尤其是刚出生、刚会坐、刚会爬、刚会走的宝宝，可能会打乱爸爸妈妈的原定计划，脱离掌控。这种不可控的状态容易让爸爸妈妈产生焦虑和恐慌。

（2）怎样做才能减轻焦虑，轻松做一个好妈妈、好爸爸呢？

第一，认真观察自己的宝宝，了解宝宝的发展规律。爸爸妈妈很容易就会发现自己遇到过的问题、感受过的焦虑，其实是大多数爸爸妈妈都会经历的。换句话说，妈妈有一点儿小焦虑是很正常的，宝宝的种种行为也是正常的。

第二，觉察自己，关注自己的身体和情绪状态。宝宝3岁以前，妈妈在倍感幸福的同时也必然会劳累、焦虑和烦躁。当妈妈处于特别疲累的状态时，情绪和理智都常常掉线，宝宝会从妈妈的行为中猜测："妈妈又冲我发火了，她是不是不爱我了？""妈妈都不愿意陪我玩了，她一定不爱我了！"

第三，照顾好自己，对自己好，才是真的对宝宝好。在身体或心情不好的时候，可以把宝宝委托给家人。妈妈不必为自己的偶尔缺席而感到愧疚，不必为自己会疲惫、烦躁、偶尔发火而感到自责，因为妈妈只是一个普通人，一个会劳累、会有情绪的人而已。如果妈妈期望能够和闺蜜一起逛街，盼着能喝杯咖啡、看会儿书，也并不是什么罪大恶极的事情，因为我们不只是个妈妈，更是一个需要有私人空间、渴求自我成长的独立个体。

2. 都说让宝宝赢在起跑线上，什么是起跑线？

你有过不能让宝宝输在起跑线上的想法吗？

A. 有
B. 没有
C. 不能确定

你的选择是：_____

龙龙妈妈在和小区里其他妈妈聊天时，听说小区里8个月的聪聪开始上英语启蒙班了，6个月的华华要去上运动启蒙课了，妈妈们都在努力让宝宝们"赢在起跑线上"。龙龙虽然只有2个月，但是妈妈也开始有些焦虑了，以前起跑线从幼儿园、小学开始，现在起跑线怎么从几个月就开始了？到底什么才是生命的起跑线？怎样做才能让宝宝"赢在起跑线上"？

（1）什么才是起跑线？

从养育孩子的目标来看，起跑线在哪里，是由目标或终点来决定的。爸爸妈妈期望宝宝在长大后能够独立、自信、温和、坚强、善良、正气、乐观、感恩、温文尔雅……父母的这些期待就可以看作是一个又一个小目标。而这些优秀的品质，大多数从婴儿时期就已经开始酝酿了，所以生命的起跑线，其实是从出生开始的。

从实现目标的路径来看，宝宝学习各种技能和品格主要是通过模仿，而模仿的最便捷渠道和最佳人选就是爸爸妈妈。从心理学和生物学的角度看，人类大脑中有一面"魔镜"叫作镜像神经元，从育儿的角度简单地说，宝宝会不由自主地去模仿和感受爸爸妈妈的动作、行为、情感。所以可以说，爸爸妈妈才是宝宝生命的起跑线。

（2）爸爸妈妈怎样做才能让宝宝赢在起跑线上呢？

第一，想让宝宝成为什么样的人，爸爸妈妈要先成为这样的人。简单地说，你想让宝宝具有善良感恩的品格，不是嘴上说说"宝宝，你要善良，要懂得感恩"他就能明白，最好的办法是让宝宝每天生活在一个善良感恩的氛围内，而这个氛围，要靠爸爸妈妈及其他家人来营造。也就是说，爸爸妈妈首先要具备善良感恩的品格。

第二，从勤于学习开始，学习是最简单的开始，却会产生最长远的影响。爸爸妈妈从学习中不仅能够获取最新的育儿理念、获得筛选各类育儿知识的能力，而且爸爸妈妈对于学习的热情、行为都会潜移默化地影响宝宝，对宝宝的一生产生深远的影响。

3. 如何与宝宝建立连接？

你认为有必要跟宝宝建立连接吗？

A. 有
B. 没有
C. 不知何为连接

你的选择是：_____

磊磊妈妈经常因为一些小事失去平和，大声吼叫。听到妈妈大吼时，磊磊会停止爬行或玩耍，扭头望向妈妈，显然他被吓到了。事后磊磊妈妈会为自己的坏脾气感到沮丧，同时担心磊磊会说话后，自己和他的关系会变得剑拔弩张。那爸爸妈妈应该怎样跟宝宝建立连接呢？或许这是很多父母都担忧的问题。

（1）为什么要与宝宝建立连接？

爸爸妈妈与宝宝建立连接，会让他拥有安全的依恋关系，满足他对情感与被关注的心理需求。需求得到满足后，他才能更加自信地去探索世界。同时，父母通过爱、尊重、接纳与肯定来强化宝宝的自我意识，促进其人格的健全发展，与其建立稳固的连接。

宝宝喜欢和父母在一起，他会通过咿呀学语、面部表情、挥手、哭泣等方式与你交流，你的反应方式会影响他如何看待自己、如何适应这个新的世界。当宝宝感到安全并与父母保持密切的连接时，他将更有自信地去探索他的世界。从观察和经验上来看，爸爸妈妈投入越多的时间在建立与宝宝的关系上，随着宝宝的成长，做父母的就会更加轻松。

（2）爸爸妈妈如何更好地建立与宝宝的连接？

第一，日常照料护理的过程是爸爸妈妈与宝宝建立连接的好机会。妈妈尽可能采用母乳喂养，因母乳喂养会释放体内激素，促进宝宝放松、产生依恋和爱的感觉；父母慢下来，与宝宝一同享受高质量的换尿布、洗澡时间，邀请宝宝参与到护理的过程中来，面带微笑地抚摸、拥抱宝宝，能让宝宝充分感受到父母的爱。

第二，在教育的过程中，爸爸妈妈建立与宝宝的连接。给宝宝阅读绘本，用温情的故事陪伴他；与宝宝一起做游戏，如"藏猫猫""摸摸这、摸摸那"，宝宝会感觉很有趣，利于宝宝的发展；在帮助宝宝养成良好行为习惯或日常惯例的过程中，爸爸妈妈积极地与宝宝互动，可增进亲子间的感情。

第三，好奇、共情、接纳可以让父母与宝宝间的关系更紧密。当宝宝伤心痛苦时，父母用好奇开放的心态去了解他的想法、理解他的感受、接纳他的情绪。当宝宝情绪平和、感觉良好时，更有利于解决问题及建立亲子间的良性互动。

小练习：

1. 你是如何尝试跟宝宝连接的？

方法一：_____

方法二：_____

方法三：_____

2. 请爸爸妈妈观察一下，宝宝每天会露出多少种可爱的小表情？记录下来，成为宝宝珍贵的成长记录。

宝宝在做：_____

_____

宝宝的表情：_____

_____

爸爸妈妈的心情如何：_____

_____

第二章
日常照料篇

要尊重儿童,不要急于对他作出或好或坏的评判。

——卢梭

本章主要介绍在日常照料宝宝过程中经常遇到的13个问题,照料不只是让宝宝吃饱穿暖的物理关怀,更是父母关爱的传递。比如,如何用眼神传递爱、"慢"养娃的正确解锁方式、如何对待"黏人"宝宝、如何从容带娃看病等。我们将对这些高频问题进行分析与总结,希望你能借由它们,从容照料,传递关爱。

日常照料篇

第一节　摸不准的睡眠规律，新手爸妈的破碎睡眠

来热身啦

你认为宝宝是一个爱睡觉的天使宝宝吗？

A. 是

B. 不是

C. 不能确定

你的选择是：_____

> 关于宝宝的睡眠规律，你最想了解哪些问题？
> - 1. 宝宝总是依赖抱着睡怎么办？
> - 2. 为什么宝宝抱着就睡，放下就醒？
> - 3. 宝宝经常夜里突然醒来哭闹怎么办？

1. 宝宝总是依赖抱着睡怎么办?

刚刚出生的小婴儿溪溪每天都得让妈妈抱着睡，有时候抱一个小时，有时候抱两三个小时，真的是让溪溪妈妈觉得精疲力尽！抱着他睡吧，他就睡得特别安稳，一旦把他放床上，要么一放就醒，要么睡十几分钟就开始翻动，动一会儿就醒了。如果是他自己在床上睡，基本只能睡20分钟。要是抱着他睡的话，他就能睡两三个小时。他是睡好了，可家里人疲惫至极，这个情况怎么改善呢？

英国哲学家洛克曾说："'自然'给予人们的甘露是睡眠。"像溪溪这样"不省心"的睡眠方式，你的宝宝遇到过吗？

（1）孩子为什么喜欢让妈妈抱着睡呢？

第一，睡眠环境从爸爸妈妈温暖的怀抱转换到了冰凉的床上，一些敏感度较高的宝宝能立即清楚地识别它们的不同，所以会醒来并哭闹。

第二，宝宝在爸爸妈妈的怀抱里，安全感十足，身体非常放松，易入睡且睡眠时间长，所以他们更喜欢被抱着睡。

（2）当宝宝喜欢抱着睡的时候，爸爸妈妈应该怎么办呢？

第一，抱着坐在床上。爸爸妈妈将宝宝哄睡后，可以抱着宝宝在床上坐5分钟左右，目的是一会儿将孩子放下时，床不会太凉。

第二，屁股先挨床。当床有了一些温度后，爸爸妈妈可以尝试着将宝宝放下，先放宝宝的屁股，使宝宝的下半身先接触床面。

第三，一同躺下。在宝宝的下半身躺在床上后，爸爸妈妈搂着宝宝的上半身与他一同躺在床上，在宝宝的头部即将接触床面时，将刚才托着宝宝的手臂慢慢移出。

第四，躺下后，爸爸妈妈一只手环搂着宝宝，另一只手轻放在孩子肩膀上，使宝宝感觉在爸爸妈妈的怀里。

当宝宝依赖抱睡时，爸爸妈妈陪宝宝一起躺在床上并坏抱着宝宝，这种方法既能让他安心睡觉，也能使爸爸妈妈得到休息。宝宝最需要的是爸爸妈妈的爱和陪伴，而不是焦虑的情绪与放任的态度。

需要注意的是，陪睡时，爸爸妈妈一定要注意和宝宝保持距离，避免自己的身体遮捂宝宝的口鼻。当宝宝睡得很踏实后，爸爸妈妈可以尝试离开。抱睡问题很难一次解决，但为了帮助宝宝养成良好的睡眠习惯，也让自己更轻松一些，爸爸妈妈请坚持实践，一段时间后宝宝就能更好地独立睡眠了。

2. 为什么宝宝抱着就睡，放下就醒？

跟溪溪有着相似情况的团团有个响亮的外号"落地响"，每次团团在妈妈怀里睡着有10多分钟了，妈妈就想着把他放床上睡，自己也能休息一会儿，结果刚放下他就醒了，妈妈只好又把他抱起来。抱的时间长了，妈妈的手、胳膊、肩膀都非常酸痛，根本没法休息，身心俱疲，该怎么办呢？

（1）当孩子"抱着就睡，放下就醒"时，你和家人通常会怎样做呢？

A. 为了不重新哄睡，就一直抱着孩子，抱到肩酸胳膊疼
B. 实在抱不动了，把孩子放在床上，醒就醒吧，任他哭闹
C. 更换抱孩子的人，家人轮流"接力抱"

选 A，时间一长，照料人体力不支，身体可能会出现各种不适，比如颈椎病、腰椎病，到最后要么无法照顾孩子，要么继续忍痛落下病根。

选 B，孩子猛地被放在床上会惊醒，爸爸妈妈又不安抚他，他会感觉不被爱、不被接纳，长时间如此对孩子的身心难免造成伤害。

选 C，虽然家人一起分担了抱孩子的劳苦，但实际上并没有解决抱睡的问题。

（2）孩子为什么会出现抱着睡，放下醒的情况呢？

孩子几个月大时，在熟睡之前要经过大概 20 分钟的浅层睡眠期，然后才会进入深层睡眠阶段，进入深层睡眠后就不会轻易醒来。如果爸爸妈妈在浅层睡眠期就把孩子放下，他很容易醒过来。这就是孩子"落地响"的原因。

当孩子出现抱着睡，放下醒的情况时，爸爸妈妈应该怎么办呢？

爸爸妈妈需要观察孩子的睡眠信号，当孩子睡着之后出现以下信号时，我们知道他已经进入深层睡眠阶段，再尝试着把他放下。

信号一：孩子的微笑和抽动消失了，脸部表情平静祥和。

信号二：孩子呼吸平缓而均匀。

信号三：孩子身体放松，四肢自然垂下。

当孩子"抱着就睡，放下就醒"时，最需要的是爸爸妈妈的关爱和耐心，而不是抱怨和不理不睬。

需要注意的是，20分钟浅层睡眠时间并不是固定的，是个约数，每个孩子会有不同，爸爸妈妈不能只依据时间来做判断。爸爸妈妈放下孩子时，动作要轻柔，放下后孩子如有不安，爸爸妈妈可以陪伴他一会儿。要知道一次就成功地将孩子放下是很难做到的，爸爸妈妈需要仔细观察孩子进入深层睡眠阶段后的状态，再结合20分钟的时间标准，来决定何时将孩子放下。相信实践几次后，爸爸妈妈就能很好地掌握孩子入睡的规律了。

3. 宝宝经常夜里突然醒来哭闹怎么办？

宝宝出现过夜里突然醒来哭闹的情况吗？

A. 经常出现

B. 偶尔

C. 没有过

你的选择是：_____

敦敦妈妈最近感到特别苦恼，敦敦每天晚上醒来好几次，每次醒来都哇哇大哭，搞得敦敦妈妈每天晚上都无法入睡，白天精神状态也不好。敦敦妈妈担心宝宝睡不好影响健康，自己白天工作也不能集中精力，真不知道怎么办才好？

（1）宝宝为什么会出现夜里醒来哭闹的情况呢？

宝宝的哭声表达不同的需求或情绪，比如饿了、尿了、冷了、热了等，可能都会引起孩子半夜醒来哭泣。

（2）当宝宝出现夜里醒来哭闹的情况时，爸爸妈妈应该怎么办呢？

第一，排查原因。当遇到孩子出现夜里突然醒来哭闹的情况时，妈妈可以用手轻轻抚摸孩子的额头、后颈和后背。通过用手摸额头感知孩子体温是否正常，由此来排除孩子生病发热。通过用手摸后颈和后背是否发凉或出汗，来增减孩子的被子。需要打开灯光柔和的夜灯观察孩子的表情，查看孩子是否饿了、是否做噩梦或者出现鼻子不通气、头皮发痒等不舒服的情况。

第二，排查环境。爸爸妈妈可以检查床铺是否干燥舒适、室内温度是否适宜、尿布是否需要更换，及时调整，为孩子创造一个舒适的睡眠环境。

第三，亲近的肢体语言。妈妈可以抚摸孩子的额头，轻拍孩子的后背，抚摸孩子的肩膀。温柔地对孩子说："宝贝，妈妈在这里，妈妈陪你一起睡觉。"

通过摸、看、检查的方法来排查孩子晚上哭闹的原因，找到原因并进行调整，从而解决孩子夜里醒来哭闹的问题。需要注意的是，爸爸妈妈要在入睡前给孩子营造舒适的睡眠环境。白天卧室应勤开窗通风透气，使卧室的空气保持清新；卧室的温度最好保持在 26 度左右，床被要多换洗晾晒。爸爸妈妈更要及时回应孩子的情绪，避免孩子白天睡得多睡得沉、夜间容易醒，昼夜颠倒，慢慢培养孩子形成生物钟。

小练习：

1. 你有帮助宝宝建立睡眠习惯的方法吗？

_____

_____

_____

2. 你打算做些什么帮助宝宝理解白天与黑夜呢？

_____

_____

_____

第二节　岁月静好，可否等5秒钟

来热身啦

如果你的宝宝做一件事慢吞吞的，你会怎么做？

A. 立刻上手帮忙
B. 告诉他该怎么做
C. 等一会儿，让他自己完成

你的选择是：_____

关于宝宝慢吞吞，你最想了解哪些问题？
- 1. 养育宝宝的正确方式是什么？
- 2. 养育宝宝为什么要慢下来？
- 3. 养育宝宝怎样才能慢下来？

1. 养育宝宝的正确方式是什么？

在育儿界有一首张文亮的小诗特别著名——《牵一只蜗牛去散步》。这首诗的开头这样写道：

上帝给我一个任务，
叫我牵一只蜗牛去散步。
我不能走太快，
蜗牛已经尽力爬，为何每次总是那么一点点？
我催它，我唬它，我责备它，
蜗牛用抱歉的眼光看着我，
仿佛说："人家已经尽力了嘛！"

很多父母一开始读的时候，并没有特别的感悟，甚至会想"谁会牵着蜗牛散步呢？"读着读着，突然就觉察出来了，原来我们的宝宝就是那只慢吞吞的小蜗牛，爸爸妈妈就是诗中"牵着蜗牛去散步"的主人公。这样想来，"牵着蜗牛"这件奇怪的事情也变得可以理解了，爸爸妈妈也仿佛走进了宝宝的世界。从宝宝的视角看，为什么爸爸妈妈要慢吞吞地"牵着蜗牛去散步"呢？怎样才是"牵着蜗牛去散步"的正确方式呢？

如果可以选择，你愿意牵着谁散步呢？

A. 蜗牛

B. 猎豹

你的选择是：_____

养育宝宝的过程就好比"牵着蜗牛散步"。润润妈妈很焦虑，从她的言语中，能感受到她很着急。她着急6个月的润润为什么只长了两颗乳牙，因为她看见小区里其他差不多大的宝宝已经长了4颗乳牙，焦急的她不顾夏日的高温抱着润润去看牙医，得知宝宝萌出乳牙跟遗传因素有很大关系，她才感觉好一些；她着急1周岁的润润为什么还不会走路，觉得其他宝宝1周岁已经会走路了，所以每天都强迫润润扶着沙发练习走路，15个月时润润会走路了，她才感觉好一些；她着急2岁的润润为什么还发音不准，其他宝宝2岁的时候已经会背唐诗了；她着急4岁的润润不会骑平衡车，已经有宝宝会骑自行车了；润润上了小学以后，她也总是着急润润学不好数学，写不好作文……

同事们总是劝润润妈妈，慢一点，别着急，和孩子一起走过他的孩提时代和青春岁月，虽然也有被气得失去理智和耐心的时候。然而，孩子却在不知不觉中向我们展示了生命中最美好的一面。就像诗中接下来写的：

我拉它，我扯它，甚至想踢它，
蜗牛受了伤，它流着汗，喘着气，往前爬……
真奇怪，为什么上帝叫我牵一只蜗牛去散步？
上帝啊！为什么？
天上一片安静。

唉！也许上帝抓蜗牛去了！

好吧！松手了！

反正上帝不管了，我还管什么？

那就停下来，慢一点。

是的，停下来，慢一点。

2. 养育宝宝为什么要慢下来？

宝宝的哪些表现会让你感到焦虑呢？

A. 做事慢吞吞

B. 遇到困难的事情就不做了

C. 身体发育慢

你的选择是：_____

从宝宝的感受来看，只有我们慢下来，宝宝才能感受到爱。爸爸妈妈在生活了数十年的地方，熟知社会规则和生存法则，而这些对来到这个世界不久的宝宝而言是完全陌生的。在此前提下，宝宝最需要的就是安全感，而安全感是从爸爸妈妈的爱中获得的。但是，当爸爸妈妈匆匆忙忙给宝宝换尿布、穿衣服时，动作是轻慢温和的，还是略显粗鲁的呢？眼神是温柔宠爱的，还是焦急无神的呢？

从宝宝的行动来看,只有爸爸妈妈慢下来,宝宝才能了解这个世界、才能好好地观察他最爱的家人及周边的一草一木、才能有时间去思考和消化他所看到和感受到的一切。

有时候,慢下来,对爸爸妈妈来说有点难。在办公室午休时间里养娃的同事们总会展开关于娃的讨论。"身边好多娃都去上早教班了,我们也不能落后。""别人家的孩子已经能用英语交流了,我们连字母都不会,看来得抓紧了。""那天看到两岁多的鑫鑫都认识不少字了,我马上下单了一套识字卡片。"每次我看到她们为孩子操碎心的样子,想到自己也将如此,内心就一阵发怵与惶恐。

在这个竞争激烈的时代,我们每个人似乎都在用力追赶。为了让自己的孩子长得快一些、进步多一些,我们费尽心力,恨不得拽着孩子往前跑,甚至不给他们试错的机会与时间。这种急切的背后,是一颗颗焦虑的心。同样是妈妈,我想大家都会理解这份苦心。

事实上,当妈妈以后焦虑如影随形,想要完全淡定几乎是不可能的,所谓的佛系育儿更是理想中的育儿境界。但是,往往过于焦虑会适得其反:一方面,我们无法因此而改变现状;另一方面,它会影响我们的心态,进而影响孩子的状态。

2020年年底,四川一小学的学生坠楼身亡,让人不禁一惊,原因更是让人心疼,孩子在手写的遗书中说道:"我不得不说,我活得太累了。从小你们便希望我如同成人一般,现在又想让我把早已遗失的东西找回来。老师对我的失望,同学开玩笑般的话语,为你们我早已绝望。现在只希望能多睡一会儿。"

短短几十个字的留言表达了这个年幼的孩子的绝望。英国精神分析学家温尼科特曾说："对孩子影响最糟糕的妈妈，就是着急的妈妈。"这份心急火燎的焦虑，将孩子的童年快乐和无忧的渴求拒之门外，也剥夺了他们体验成长过程中各种可能性的权利。到头来，被这份"着急"伤害最深的，还是我们的孩子。

在孩子最渴望探索的年纪，心急的父母总会想着替孩子揽下一切。为了让孩子少走弯路，为了减少他们遭遇失败的可能性，为了让他们更加心无旁骛地学习，家长们犹如贴身管家一般，随时随地提供最及时的帮助。这份迫切的爱，美其名曰是为了孩子好，实际上却是一种充满压力的控制，让孩子无法在挫折中得到锻炼，无法在碰壁中累积经验。往往我们在做了这一切之后，还要孩子成为一个独立自主的个体。

还记得宝宝2岁时，有段时间自主意识非常强，拿吃饭来说，每次都会兴致勃勃想要自己来。我们曾在很长一段时间里选择了喂饭，当时的想法也很简单直接：孩子自己吃总是特别慢，而且我们也总担心他会弄在身上和地上。为追求效率，倒不如大人赶紧喂完，轻松又省事。孩子的反抗意识很强烈，越是大人喂饭，越不配合，常常故意把食物打翻。直到一天爸爸负责带娃吃饭，完全让孩子自己进食，我们惊奇地发现，原来他可以吃得很好。这件事给我的触动很大。从根本上来说，我们之所以急着要喂饭，是因为内心深处其实并不相信孩子能够独自搞定。而这种不信任，又加剧了我们的焦虑，让我们更加不愿意放手，从而形成了恶性循环。

著名儿童心理学家劳伦斯·科恩曾说：对于父母而言，焦虑的反义词并不是"安宁"，而是"信任"。如果我们信任孩子强大而坚韧的生命力，信任亲密关系中所蕴含的积极能量，信任爱与游戏所提供的自然疗愈效果，那么我们将不再因孩子而担心和焦虑。是啊，只有充分相信自己的孩子，我们才能以一种更平和的心态看待他们，才能真正欣赏并挖掘他们的闪光点。也唯有信任，能促使我们放手，给孩子留足时间来勇敢面对这个未知的世界，从而收获真正属于自己的、独一无二的精彩。

这是一份淡然，也是一种成全。

3. 养育宝宝怎样才能慢下来？

在你的心目中，下列行为中哪些是应该慢下来的？

A. 给宝宝换衣服和尿布时
B. 跟宝宝一起出门、玩耍时
C. 跟宝宝说话时

你的选择是：_____

第一，尽可能地放慢所有和宝宝有关的动作。爸爸妈妈在接近宝宝、跟宝宝说话、为宝宝换衣服、喂奶等时刻，都应尽自己所能放慢速度，等待宝宝的回应，做到和宝宝"同频"。不要因为害怕宝宝着凉，就粗鲁生硬地拉扯宝宝的小腿塞进裤子里。要知道换尿布的时光是50000分钟的高质量亲子陪伴。

第二，不以"完成任务"为主要照料目的。请爸爸妈妈放下焦虑，在每一次和宝宝互动时，觉察一下自己的行为是在给宝宝传递爱意，还是在匆匆忙忙地急于完成换尿布、穿衣服等任务。还记得爸爸妈妈与宝宝的眼神交流吗？那个充满爱意交流的眼神需要慢慢地传递、等待、体会。

第三，观察宝宝的行为，倾听宝宝的心声。宝宝的好奇心很强，一切对宝宝来说都是新鲜事物。他可能会着迷地看着地铁门开开关关，也可能会蹲在草丛边一待就是十几分钟，爸爸妈妈只要认真观察，就会发现宝宝的节奏和兴趣所在，就能听见宝宝内心的声音。

体会岁月静好，珍惜亲子时光。任何焦急与烦忧都抛在脑后，存在的唯有纯粹的幸福与安宁。成长是一场静待花开的历程，那颗小小的种子，蕴藏着巨大的能量，自会生根发芽。生命的发展轨迹其实早已镌刻其中，家长的作用应该是引导，而不是插手。

心急的我们如果干扰过度，则会打乱固有的节奏。而这种影响，将会持续地作用孩子的一生。面对孩子，我们不妨放缓脚步，耐心等一等。

教育家卢梭在其著作《爱弥儿》中写道："大自然希望儿童在成人以前就要像儿童的样子。如果我们打乱了这个次序，我们就会造成一些早熟的果实，它们长得既不丰满也不甜美，而且很快就会腐烂。"

是的。追逐速度可能是会在一时领先，但它终究少了闲庭信步的恬淡与快乐。成长值得等待，因为这是生命本身的潜力。回到开篇的那首小诗：

让蜗牛往前爬,我在后面生闷气。

咦?我闻到花香,原来这边还有个花园,

我感到微风,原来夜里的微风这么温柔。

慢着!我听到鸟叫,我听到虫鸣。

我看到满天的星斗多亮丽!

咦?我以前怎么没有这般细腻的体会?

我忽然想起来了,莫非我错了?

是上帝叫一只蜗牛牵我去散步。

慢一点,在宝宝的成长过程中最先受益的是我们自己。育儿是一种态度,其实更是一种智慧,它有着厚积薄发的力量,终将反馈给我们更多的惊喜。

时间不等人,但是可以等孩子。请告诉孩子,也告诉自己:慢慢来,一切慢慢来。

小练习:

看完本节后,放下书本,请爸爸妈妈想象一下,如果自己正在专注地看书却被家人催促快去做其他事情,会有怎样的情绪和内心感受?请写下来:

_____

_____

_____

_____

1. 内心会不会很烦躁?
A. 会
B. 不会
2. 那你觉得宝宝在被催促的时候,会不会也有同样的感受?
A. 会
B. 不会

第三节　甜蜜的烦恼，宝宝太黏人

来热身啦

在你的心目中，宝宝是一个黏人的宝宝吗？

A. 是
B. 不是
C. 不能确定

你的选择是：＿＿＿＿＿＿＿＿

关于宝宝太黏人，你最想了解哪些问题？

• 1.妈妈早上着急去上班，宝宝却哇哇大哭，怎样才能减轻黏人宝宝的分离焦虑？

• 2.宝宝生病后，变得越来越黏人了，脾气也大了，这是正常的吗？

• 3.妈妈要出差，宝宝哭着说"想妈妈"怎么办？

• 4.宝宝总爱黏着我，居然是因为他觉得我不爱他了，这是为什么？

1. 妈妈早上着急去上班，宝宝却哇哇大哭，怎样才能减轻黏人宝宝的分离焦虑？

妮妮妈妈是一位上班族，在4个多月的产假结束后就恢复了朝九晚五的生活节奏。近几天，在米来妈妈家庭教育讲师认证班上课时，妮妮妈妈跟我们分享了她近期遇到的一个难题：几个月前，她刚上班的时候，特别担心妮妮不让自己走，没想到妮妮完全不介意，她松了口气。可近些日子，一到早上出门时，妮妮就不让她出门去上班，哭得撕心裂肺。每天出门她都要花半个小时，面对这样的困境，她既心疼女儿又十分无奈。

妮妮这种情况是不是属于"分离焦虑"？她这个状态会持续多久？怎样才能破解分离焦虑的难题呢？

（1）宝宝为什么会出现分离焦虑？

从认知能力上说，8个月的宝宝开始了解"客体永存性"，也就是知道看不到玩具了，是因为玩具被收起来了，而不是消失了。同样，这个阶段的宝宝在看不到妈妈时，也知道妈妈是离开了，而不是消失了，所以期待妈妈不要离开。

从情绪情感上说，一方面，宝宝对与妈妈分开之后的事情不可预知、不可掌控，容易出现焦虑、紧张、担忧、恐慌、思念等情绪；另一方面，宝宝希望得到妈妈的关注，又不知道如何正确表达，就只有通过哭闹的方式来吸引关注。

从心理学上说，世上所有的爱都指向相聚，唯有父母的爱指向别离。"分离焦虑"是宝宝开启自我保护本能的结果,是英国心理学家鲍尔比提出的依恋关系中"安全型依恋"宝宝的正常表现。"安全型依恋"的典型表现是:宝宝在陌生环境中能够安心地探索环境,很快融入环境。和家长分离时很伤心;当家长回来后,宝宝会非常高兴。也就是说,宝宝出现这种类型的分离焦虑再正常不过了。

(2)分离焦虑会持续多久呢?

发展心理学认为,"分离焦虑"是宝宝在认知发展过程中的一个阶段,是宝宝心智走向成熟的必经之路。大部分宝宝产生分离焦虑的高峰期在10~18个月,也有宝宝从六七个月时就开始出现分离焦虑的情况。随着宝宝认知能力的发展日益成熟,在他两三岁时,分离焦虑会得到缓解。

(3)怎样才能破解分离焦虑的难题呢?

第一,接纳宝宝在分离焦虑时的情绪和行为。宝宝在6个月到3岁之间,出现分离焦虑都是正常的成长现象。面对即将出现的分离和其他未知情况,宝宝出现恐惧、焦虑、紧张、担忧、思念等情绪,出现哭闹、依依不舍的行为,都是正常的。爸爸妈妈接纳宝宝的情绪是处理分离焦虑最关键的一步。

第二,提前告知,建立简单而亲密的分离仪式。提前告诉宝宝几次:"在明天早餐后,妈妈会离开,明天下午在你喝完牛奶后,妈妈就会回来。"每天分离的时候,通过做一些简单而亲密的小仪式,让宝宝建立习惯和安全感。爸爸妈妈尽量准时回家,让宝宝看到你们在遵守和他的约定。

第三,保持情绪稳定,坚定而轻松地和宝宝告别。爸爸妈妈的情绪极大地影响着宝宝对分离这件事情的态度。如果爸爸妈妈表现出特别悲伤或者生气，宝宝会认为分离是一件可怕的事情。如果爸爸妈妈坚定而轻松地和宝宝告别，宝宝会淡化对分离的抗拒。

2. 宝宝生病后，变得越来越黏人了，脾气也大了，这是正常的吗？

宝宝有过生病后更加黏人的情况吗？

A. 有
B. 没有

你的选择是：_____

最近，豆豆妈妈度过了一段超级难熬的时光。前几天，豆豆经历了人生中的第一次生病，每天都要妈妈抱，一刻也不能离开妈妈。宝宝身体不舒服，心情自然也不畅快，豆豆妈妈心想："等豆豆病好了就好了。"

3天后，豆豆的病情好转，7天后，豆豆痊愈了。就在豆豆妈妈终于松了一口气的时候，却发现豆豆"病一场，脾气长"，他变得越来越黏人，连妈妈上厕所都得抱着他去，而且稍不如意他就发脾气，大喊大叫，甚至满地打滚儿。豆豆妈妈苦恼极了，生了一场病，天使宝宝为什么会变成"小魔王"呢？怎样才能避免这种情况出现呢？

（1）为什么天使宝宝生病后会变身"小魔王"？

要想了解宝宝的行为为何会发生如此大的变化，爸爸妈妈就需要探究行为背后的原因，也就是了解宝宝在生病时，心理会发生什么变化。

第一，身体不适引发心理状态的改变，会产生多种负面情绪。比如，宝宝不明白自己为什么会生病、为什么控制不了自己的身体，因此感到担忧和焦虑；宝宝第一次到医院，在陌生的环境中接受陌生人的检查，甚至要压舌、抽血，因此感到恐惧。

第二，家人的过度关注和迁就强化了宝宝"以自我为中心"的意识。在宝宝生病期间，爸爸妈妈及其他家庭成员都心急如焚，变着花样逗宝宝笑。原有的家庭规则都因此而改变，宝宝想要什么想吃什么，家人都无条件满足。比如，宝宝患了呼吸道疾病，家人为避免疾病加重，会尽量满足宝宝的需求，以避免宝宝大哭影响病愈。

第三，病愈后的心理落差让宝宝无法接受，以为"爸爸妈妈不爱我了"。宝宝痊愈后，爸爸妈妈紧绷的神经逐渐放松，再次投身到工作和家务中去，对宝宝的关注度就随之下降。此时，宝宝会产生巨大的心理落差，没有了家人的过度关注和亲密陪伴，家庭规则又重新建立，会让宝宝误以为"爸爸妈妈不爱我了"。因此，心理落差和"寻求爱"的动机会促使宝宝用自己的方式夺回爸爸妈妈的关注——变成了黏人、发脾气的小魔王。

（2）爸爸妈妈怎样避免这种情况出现呢？

第一，理解宝宝做出这些行为的原因。成人在身体不适的时候，情绪都会受到影响，何况是表达水平不够高的孩童。

第二，温和地共情，帮助宝宝告别纠结。宝宝从生病到病愈，其实一直处于一种"宝宝心里苦，但是宝宝说不出"的状态中，如果爸爸妈妈能够说出宝宝的感受，会让宝宝不再处于这种纠结的状态中。

第三，坚定原则，给宝宝设定安全的界限。虽然宝宝生病了，爸爸妈妈在一些原则问题上也要尽量坚持，这样做非但不会使宝宝觉得"爸爸妈妈不爱我"，反而会给宝宝一个安全的界限，让宝宝了解到"不管任何时候，这个界限都在，爸爸妈妈也都爱我"。

3. 妈妈要出差，宝宝哭着说"想妈妈"怎么办?

当你必须跟宝宝分开几天时，你是怎么跟宝宝沟通的呢?

A. 担心宝宝不同意，所以索性不告诉他
B. 苦口婆心地告知宝宝你要离开的原因
C. 不能跟宝宝达成一致，索性不出远门

你的选择是：_____

自橙橙出生以来，妈妈几乎没有离开过家。但是最近，妈妈接到了一个非常重要的出差任务，需要离家5天。妈妈跟橙橙说："妈妈要出差了，橙橙会有5天时间见不到妈妈。"橙橙立刻就抱着妈妈开始哭："不要不要！不要妈妈出差！我想妈妈！"妈妈又心疼又为难。出差的那5天特别漫长，仿佛5个月一般。

在爸爸妈妈出差前，怎样和宝宝沟通出差这件事呢？爸爸妈妈怎样做才能缓解宝宝的思念呢？

（1）爸爸妈妈如何和宝宝沟通"出差"这件事？

第一，用宝宝听得懂的语言，准确地解释"出差"这个概念。"出差"对爸爸妈妈来说，就是临时被派遣外出办理公事，是个非常简单的概念。但是对宝宝来说，他并不清楚"出差"意味着什么。爸爸妈妈可以告诉宝宝："出差是因为工作，我去另外一个城市工作几天就回来了。"让宝宝明白爸爸妈妈离开他是因为工作而不是因为不爱他，离开几天还会回来，可以避免宝宝的误解和恐慌。

第二，告诉宝宝自己回来的准确时间和分离期间陪伴他的人。用宝宝能明白的方式，告诉他爸爸妈妈回来的准确时间，比如"宝贝每天在日历上画一个圈，等画到第五个圈的时候，我就回来了。"把抽象的时间具体化，会让宝宝更容易接受。如果这期间需要更换宝宝的照料人，爸爸妈妈也要将此变化提前告知宝宝，并且最好在自己离开前与新照料人共同照顾宝宝一段时间，这会让宝宝更容易适应。

（2）爸爸妈妈怎样做才能缓解宝宝的思念呢？

第一，提前和新照料人沟通宝宝的生活习惯和兴趣爱好，做好准备。更换主要照料人，对宝宝来说，既要适应新的人物，还要适应新的生活习惯，可能会比较困难。爸爸妈妈如果能够提前和新照料人沟通并安排好宝宝的饮食、睡眠、玩耍、喜好等重要方面的事宜，不打乱宝宝的生活节奏，会让宝宝更有安全感。

第二，花心思为宝宝制造一点儿小惊喜，缓解其思念之苦。

爸爸妈妈可以按照宝宝的喜好，提前在家里"藏"好一些小惊喜，比如宝宝特别爱吃的小零食、宝宝心心念念的小玩具。在宝宝特别思念爸爸妈妈时，照料人可以用"寻找宝藏"的游戏方式，引导宝宝找出爸爸妈妈留下的小礼物。

第三，和宝宝约定好每天和他打电话或在线视频的时间。爸爸妈妈也许会担心打电话或视频会增加宝宝的思念之苦，其实宝宝更担心爸爸妈妈不理他、不爱他。尽管爸爸妈妈打电话回家时，宝宝并不怎么说话，但这个电话能够让宝宝的内心安定踏实。爸爸妈妈还可以和宝宝约定，在爸爸妈妈回家之前，宝宝可以做哪些事情，比如可以去一趟动物园、可以做一个小手工，宝宝会觉得时间没那么难熬。

4. 宝宝总爱黏着我，居然是因为他觉得我不爱他了，这是为什么？

蓉蓉妈妈最近每天上班都迟到，因为一到早上快要出门的时候，蓉蓉就抱着妈妈的腿不放手，一边哭一边喊："妈妈不要走！妈妈不要上班！"妈妈又心疼又着急，后来就只能偷偷出门上班。没想到，蓉蓉不仅没有减少黏人的行为，反而越发黏妈妈，连妈妈上厕所都要跟着。周末的时候，妈妈认真地问蓉蓉："为什么总是黏着妈妈？"蓉蓉低声地说："因为担心妈妈不爱我。"蓉蓉妈妈又惊奇又委屈，自己那么爱蓉蓉，她怎么感觉不到呢？到底怎么做，才能让蓉蓉感受到妈妈的爱啊？

(1)宝宝为什么会担心"妈妈不爱我"?

从宝宝的发展来看,父母的爱对宝宝的成长来说很重要。在很长的一段时间里,宝宝都是依附于父母而生存的。宝宝的认知、社会交往等能力的发展,都建立在父母的爱和陪伴的基础上。换句话说,没有爸爸妈妈的爱,宝宝会因为缺乏安全感而无法达到正常的认知和社交水平。

从父母的陪伴质量来看,低质量长时间的陪伴远不如高质量短时间的陪伴。如果爸爸妈妈一边看手机一边陪伴宝宝、一边看电视一边陪伴宝宝、一边打电话一边陪伴宝宝……哪怕陪了宝宝一整天的时间,他也许还是无法感受到爸爸妈妈的爱,因为爸爸妈妈的心不在他身上。

(2)怎样做才能让宝宝感受到爸爸妈妈的爱呢?

第一,和宝宝约定专属的"特殊时光"。在爸爸妈妈琐碎的时间中,专门拨出20~30分钟的时间专属于爸爸妈妈和宝宝。提前告诉宝宝,每天几点到几点是你和他的"特殊时光",让宝宝对这段时光充满期待,也可以避免爸爸妈妈因忙家务、忙工作而忽略宝宝的感受。

第二,和宝宝享受这段"特殊时光"。在"特殊时光"来临时,爸爸妈妈将手机调成静音,不做家务、不忙工作,专心陪宝宝玩耍。玩什么、怎么玩由宝宝来决定,充分尊重宝宝的意见。充分而高质量的陪伴,会让宝宝产生极强的安全感,即使爸爸妈妈不在身边,宝宝也知道在晚上的某个特定时刻,是专属于爸爸妈妈和他的"特殊时光",爸爸妈妈一定会和他共同度过的。

看到这里,你有没有发现,原来被宝宝黏着是一个甜蜜的"烦恼"。

小练习：

1. 你家宝宝是否也出现过黏人的情况，你是如何处理的？结果如何？

_____

_____

_____

2. 你有在跟宝宝分别前沟通的案例吗？

_____

_____

_____

爸爸妈妈与宝宝的分离沟通记录表

爸爸妈妈告知宝宝分别的话	宝宝的行为和感受	缓解宝宝思念的方法

第四节　如何从容优雅地带娃看病

> 来热身啦

你认为带宝宝看病是一个艰巨的任务吗？

　　A. 是
　　B. 不是
　　C. 不能确定

你的选择是：_____

关于带宝宝看病，你最想了解哪些问题？
- 1. 宝宝害怕打针、害怕医生怎么办？
- 2. 宝宝生病了，一说去医院就反抗说"不"怎么办？
- 3. 怎么做才能优雅从容地带宝宝看病呢？

1. 宝宝害怕打针、害怕医生怎么办?

10个月大的丁丁特别害怕医生、害怕打针,一去打针就哭,每次打疫苗得三四个人按着,哭得天翻地转,听得丁丁妈妈特别心疼,犹豫要不要再抱他去打疫苗,可是疫苗得打啊,怎么办才好呢?丁丁一家人也尝试了各种办法,爸爸吓唬孩子:"丁丁!你再闹,再闹我就揍你!"奶奶诱惑孩子:"你听话,一会儿我给你买好吃的。"爷爷哄骗孩子:"没事,没事,打针一点儿也不疼。"可这些方法对丁丁来说都不管用,怎么办呢?

(1)孩子害怕打针,害怕医生的原因是什么呢?

知名生理学家伊凡·巴甫洛夫把一只狗带到实验室,当狗饥饿时,实验人员送来了一盘狗粮,狗口水直流,与此同时,实验人员晃动摇铃,发出清脆的铃声。经历多次后,狗便养成了一听到铃声就流口水的习惯,即使没看见任何食物也是如此。

孩子打针也经历了类似的心理历程:当穿着白大褂、戴口罩的护士医生,举着尖尖的针筒给孩子打针时,刺痛的感觉让孩子有不舒服的体验,所以孩子会张嘴大哭。几次打针的经历后,孩子再看到身穿白大褂、拿着针的医生时难免会感到害怕。

(2)当孩子害怕医生的时候,爸爸妈妈应该怎么办呢?

当孩子害怕打针而不得不去打针的时候,爸爸妈妈需要认同孩子的感受,诚实地告诉孩子打针会有一点点疼,但是爸爸妈妈会一直陪伴在孩子身边,鼓励孩子勇敢面对。

第一，语言预告。爸爸妈妈在带孩子出门之前可以告诉孩子，今天要去哪里，要去做什么事情。爸爸妈妈可以对孩子说："宝贝，今天我们要去医院打针。"

第二，引导观察。来到医院，爸爸妈妈可以引导孩子观察。爸爸妈妈为孩子介绍："宝贝，你看穿白色衣服的是医生。小朋友们在等待打针。我们也在等待。"

第三，安抚情绪。轮到孩子打针的时候，妈妈轻轻抱起孩子放在自己的腿上，一只手帮助孩子固定手臂。妈妈温柔地对孩子说："打针的时候可能会有些疼，请宝贝坚持一下。妈妈会陪着你。"

孩子打完针后，妈妈帮孩子按压止血棉，轻拍孩子后背。妈妈温柔地对孩子说："宝贝，我们坚持住了。现在针打完了，我来帮你揉一揉。"

当孩子情绪平复之后，妈妈对孩子说："是不是感觉打针其实也没那么疼呢？现在感觉好些了吗？"当孩子害怕医生、害怕打针时，最需要的是让孩子了解事情真相，而不是吓唬、哄骗和诱惑。

值得注意的是，爸爸妈妈在孩子有情绪时，自己要注意保持心态平和和情绪稳定，同时及时关注孩子。爸爸妈妈可以多给孩子一些时间平复自己的情绪。每次打完针，爸爸妈妈都要及时鼓励孩子。

2. 宝宝生病了，一说去医院就反抗说"不"怎么办？

当宝宝出现一说去医院就反抗说"不"时，你和家人通常是怎么做的？

A. 顺从孩子，孩子说不，肯定是他不想去医院，在家吃点药就行了。

B. 责备孩子："既然不去医院，那就病着吧！"

C. 引诱孩子："宝宝，只要你跟妈妈去看医生，妈妈就带你去买你最喜欢的小零食。"

你的选择是：_____

尧尧平时是乖乖的小天使，家人都觉得尧尧特别好带；可到了生病的时候，她就变成了一个活脱脱的小恶魔。应该去看医生的时候，不论家里人怎么哄，她都回答"不""不要"，妈妈怎么说都不管用，该怎么办？

（1）孩子为什么会说"不"呢？

从年龄发展特点来说，孩子说"不"意味着他有了自我意识。此时他的语言发育刚刚成熟，当他意识到自己可以通过语言来表达自己的意志时，就会乐此不疲地说"不"，但他并不清楚自己到底是不想还是只是嘴上说说。

从心理发展特点来说，孩子说"不"是想引起爸爸妈妈的注意。爸爸妈妈之前忽视孩子，孩子发现在说"不"时，爸爸妈妈会给自己更多关注，自己有更多和爸爸妈妈沟通的机会，所以孩子会频繁使用拒绝的方式，来引起爸爸妈妈的关注。

（2）当孩子说"不"时，爸爸妈妈应该怎么办呢？

爸爸妈妈在孩子说"不"时，平静地对待孩子，用选择性的语言，给孩子选择的空间，从而达到减少孩子说"不"的目的。

第一，平静心情，放手让孩子成长。当孩子总是说"不"时，爸爸妈妈首先要静下心来，听孩子把话说完，循循善诱地问出原因，而不是斩钉截铁地打断、拒绝。比如，"宝宝，你不去看医生，是因为什么呢？是因为觉得很害怕，还是因为不想吃药？"

第二，创设语言环境，减少孩子说"不"。爸爸妈妈在孩子面前的行为和表现，决定了孩子的发展倾向，爸爸妈妈在日常生活中少说"不"，创设一个少说"不"的语言环境，孩子也就不再强化这种说话方式。

第三，提供有限的选择，让孩子自己做决定。在需要做决定的时候，爸爸妈妈可以提供给孩子有限的选择。这样既能满足孩子的自我意识发展，又能提高他的自信心和独立性。比如，可以让孩子选择："宝贝，你是想先吃点心再看医生，还是先看医生再吃点心？"

当孩子总说"不"时，孩子最需要的是爸爸妈妈的耐心陪伴和关爱，而不是苛责和娇纵。

需要注意的是，对不允许的行为，即使孩子说"不"，爸爸妈妈也要坚决而温和地拒绝。比如，生病需要看医生，破坏环境、浪费水、伤害自己或他人等。如果有限的选择依然引发了孩子的情绪问题，爸爸妈妈需要坚持指令，并引导孩子服从。爸爸妈妈要耐心的陪伴和关爱孩子，只有这样孩子才会更愿意听爸爸妈妈的意见，成为更好的自己。

3. 怎么做才能优雅从容地带宝宝看病呢？

你有什么好方法可以让宝宝乖乖去医院看医生吗？

A. 有
B. 没有

你的选择是：_____

辰辰生病了，妈妈不得不带着辰辰去医院看病。每当回想起看病的经历，无比深刻的记忆就会浮现在辰辰妈妈的脑海里：辰辰非得要妈妈抱，妈妈扛着将近30斤的辰辰跑上跑下排队挂号，挤破脑袋去分诊，心急火燎地跟大夫描述病情。听诊时辰辰手脚并用，哭得上气不接下气，医生还满脸不耐烦地训斥"别让孩子乱动！"好不容易出了诊室，还要面临验血验便的又一轮挑战。这都不算完，还要扛着辰辰排队交费和取药、回家开展喂药攻坚战。带宝宝看病，怎么就这么难？有没有可能从容优雅地带宝宝看病呢？

（1）宝宝为什么不喜欢去医院？

从医院的客观条件上来说，无论是儿童医院还是综合医院，通常是人山人海，而且无论是医生、病人还是家属，大多是匆忙而焦急的模样，这种环境会让宝宝产生非常紧张的情绪，本能地抵触去医院。

从宝宝的身心感受上来说，宝宝生病时身体本就不适，萎靡不振，心理感受也并不舒适，比平时更容易哭闹，也更期待爸爸妈妈的贴心关注。而爸爸妈妈常常被难以捉摸的病情和情绪波动的宝宝吸引了全部注意力，让宝宝对生病、看病本身就非常排斥。

（2）爸爸妈妈怎么才能从容地带宝宝看病呢？

第一，做好准备工作。从挂号、乘车、人员分工等方面和家人做好沟通。爸爸妈妈可以在网上提前挂号，或者请家人先去医院挂号，就诊时间快到时再带宝宝从家中出发，减少宝宝在医院停留的时间。如果可能的话，请一两位家人一同去医院，负责陪同宝宝或者排队等事务。

第二，做好宝宝的心理建设。提前告知，用讲故事或做游戏的方式把医院的情况和可能遇到的人物、事情告诉宝宝。小朋友爱看的动画片，都有涉及"看病"这个话题的内容，不妨提前让宝宝看一看。就诊时，用故事中的人物和情节引导宝宝配合医生完成听诊、压舌、验血等环节，并且理解宝宝的感受，与宝宝共情："宝宝可能会疼，但是很快就好了，我会一直陪着你的。"必要的时候，也可以使用转移注意力的方法，比如，在验血时，可以夸张地引导宝宝："哇！宝宝开始抽血了！你看，红红的血液像不像观光电梯在往上走呢？"宝宝的感受在很大程度上取决于爸爸妈妈的情绪，如果爸爸妈妈始终保持平稳的心态，那么就能帮助宝宝减轻焦虑和不适感。

小练习：

1. 你有没有增强宝宝体质的方法？

方法一：_____

方法二：_____

方法三：_____

2. 请爸爸妈妈想一想，哪些方法可以帮助宝宝关注卫生和健康？记录下来，成为宝宝珍贵的成长记录。

_____

_____

爸爸妈妈与宝宝的沟通情况

宝宝的体验情况 _____

_____

爸爸妈妈给宝宝的反馈

_____

_____

第三章
成长规律篇

儿童不是用规则可以教好的，规则总是会被他们忘掉的。习惯一旦培养成功之后，便用不着借助记忆，很容易地自然就能发生作用了。

——洛克

本章主要介绍了宝宝成长过程中经常困扰父母的问题。成长的规律不是规则的限定而是习惯的培养。本章从生长规律、睡眠规律、牙齿发育、语言发展4个方面帮助父母分析与总结了12个常见问题及解决方案，希望你能借由它们，减少焦虑，与宝宝共同成长。

第一节　我的宝宝真的会坐了吗

来热身啦

在你的心目中,宝宝多大会坐?

A. 5～6个月
B. 7～8个月
C. 8个月以上

你的选择是:＿＿＿＿＿＿＿＿

关于宝宝是否会坐,你最想了解哪些问题?
- 1. 俗话说:"三翻六坐",6个月大的宝宝真的会坐了吗?
- 2. 到底什么才算是"宝宝会坐"的标志呢?
- 3. 爸爸妈妈怎么做才能让宝宝真正学会"坐"呢?

1. 俗话说："三翻六坐"，6个月大的宝宝真的会坐了吗？

宝宝终于到 6 个月了，新手爸爸妈妈们刚刚熟悉了各项养育业务，度过了手忙脚乱的"实习期"，感觉终于可以松口气了。常听老人们说，"三翻六坐"是自古传下来的养育规律，6 个月的宝宝正是像洋娃娃一样乖巧，可以自己坐着玩的小天使啊！

宝宝能够"坐着"，往往对一个家庭来说是意义非凡的里程碑——不仅极大程度上解放了爸爸妈妈的双手，而且也呈现出了初步的养育成果。如果宝宝在 5 个多月时，家人能够成功将他摆成坐着的姿势，家人一定会欢喜地奔走相告："宝宝会坐啦！咱家宝宝真硬实！"爷爷奶奶们可能会欣慰而感慨地说："现在的宝宝营养真好，发育得真好！"到了 6 个月，让宝宝每天靠坐一会儿，尽早让宝宝学会独坐，几乎已经成为很多家庭的通识。

关于"坐"，我们仿佛有些默契地认为：把宝宝放在床上，给后背一个支撑，宝宝能够保持坐姿；或者把宝宝放在床上，没有支撑他就能够独坐，这就是"宝宝会坐"的标志。

宝宝学会坐不是一天两天就能学会的事情，大多数宝宝在 4 个月的时候就已经默默地开始进行前期准备练习了，当然还有的宝宝比较心急，还没到 6 个月就已经有坐起来的欲望了。

2. 到底什么才算是"宝宝会坐"的标志呢？

你认为宝宝会坐的标志是什么？

A. 扶坐
B. 靠坐
C. 独坐

你的选择是：_____

美国婴幼儿教育资源中心（RIE）提供的建议是：宝宝可以从其他姿势自主转换成坐姿，才是真正的"会坐"了。

一方面，宝宝会坐是一个动态过程。这是指宝宝从躺着、趴着等状态，转换成坐的姿势，强调的是"坐起来"的动态过程，而不是"坐着"的静止状态。另一方面，宝宝会坐的主体是宝宝，而非成人。这是指宝宝通过自己的努力"坐起来"，而非成人把宝宝摆成了"坐"的姿势。

我们习惯于让宝宝扶坐、靠坐、独坐，这会对宝宝产生什么影响呢？

从生理发育的角度来看，宝宝无法从其他姿势自行转换为坐姿，说明他的脊背、手臂、臀部等部位的骨骼、肌肉还没有做好充分的准备去"坐"。倘若在这个阶段，成人过多地干涉了宝宝的行为，宝宝在成长过程中出现驼背、脊椎压力过大等情况的可能性就会增加。

从心理发育的角度来看，6个月的宝宝体会到扶坐、靠坐、独坐的滋味后，由于他们的视觉和听觉的范围都发生了根本性的变化，会不断想要保持坐姿。然而宝宝自己又无法从其他姿势转换成坐姿，只能依赖成人的帮助，所以非常容易产生不自信、不独立的心理状态，不相信自己能够完成这个动作。由于无法用语言表达自己想要"坐起来"的诉求，宝宝很容易产生烦躁的情绪，出现易怒、哭闹、渴望养育者片刻不离的陪伴等情况。

宝宝能够独立坐起以后，对周围的世界就会有一个全新的视角。一旦宝宝的背部和颈部肌肉足够强壮到能保持直立姿势，并且他也明白了怎样摆放双腿才不会倒下的时候，那他继续学爬、站立和走路就只是时间早晚的问题了。

宝宝多半在4~7个月时能够一个人独坐。大约也是在这个时候，他能掌握翻身和抬头的动作。大约90%的宝宝到8个月时能够在没有支撑的情况下坐上几分钟。不过，就算是学会了坐的宝宝，坐一段时间后也会倒下，这通常是因为他们没兴趣继续坐下去了。

一般6个月左右的时候，宝宝会开始学习独立的坐姿，但是如果倾倒了，无法自己恢复坐姿，一直要到8~9个月大时，才能不需要任何辅助，自己也能坐好。

宝宝到了六七个月大时，脊部、背部、腰部肌肉已渐渐茁壮，因此从翻身到坐起是可以形成连贯动作的。通常宝宝会先靠着呈现半躺坐的姿势，接下来身体会微微向前倾，用双手在身体两边支撑。

宝宝能够坐起来，不仅有利于宝宝的脊柱开始形成第二个生理弯曲，即胸椎后凸，对保持身体平衡有重要作用，而且可以接触到许多过去想够又够不到的东西，对感觉、知觉的发育都有重要意义。宝宝坐得稳了，表示其骨骼、神经系统、肌肉协调能力等发育渐渐趋于成熟。

所以，"独坐"才是宝宝会坐的标志。

3. 爸爸妈妈怎么做才能让宝宝真正学会"坐"呢？

在你的心目中，关于宝宝"坐"这件事情更关注什么呢？

A. 宝宝会坐着
B. 宝宝能坐起来

你的选择是：_____

第一，关注宝宝"会坐"，不如关注宝宝"坐起来"。把"宝宝坐起来"作为这个阶段关注的目标，放弃急于求成的扶坐、靠坐。因为那是成年人的行为而非宝宝的自主行为。

第二，相信宝宝，提供适合宝宝发展的安全环境。相信宝宝自己是有能力学会坐、爬、走等各项技能的"小超人"，爸爸妈妈只需要给他提供合适的安全环境，加以时间、耐心和信任，宝宝自己会去练习如何保持坐姿。

第三，放下焦虑，静待花开。爸爸妈妈需努力不干涉宝宝的成长节奏，因为爸爸妈妈的焦虑会极大程度地影响宝宝对自己的判断。每个宝宝的成长都有自己的规律，在 6～9 个月学会真正的"坐"都是正常的。

训练宝宝坐也是一个循序渐进的过程。最近，豆豆刚好到了学坐阶段，作为蒙台梭利幼儿教师的妈妈是这样帮助豆豆宝宝的：先是跟宝宝练习拉坐，然后是靠坐。那么这两种坐法的训练方法是怎样的呢？

最开始是帮助豆豆做拉坐练习，在豆豆 4 个月左右的时候，让她舒服地躺在床上或者地垫上，妈妈将双手的大拇指插入豆豆的手中，让她抓住，其他手指轻轻抓着豆豆的手腕并让她双手伸直向前，两只小手相对，距离跟肩膀一样宽，然后轻轻向前拉起她的双手，让她的头和肩膀离开床面抬起来。这个时候豆豆已经开始试图用力坐起来了，保持此姿势 5 秒左右，再轻轻让她躺下，像这样重复 2～3 次。

爸爸妈妈要注意的是：拉坐练习是让宝宝借助家长的帮助，自己用力坐起来。如果宝宝被成人拉坐起来时，手没有用力拉拽或头向床的方向向下用力，表示他现在还不想做这个动作，那请给宝宝一些时间，多让宝宝做趴着的练习，强化颈背肌肉及上肢肌肉力量，过些时候再开始进行拉坐练习。

豆豆到了 5 个月的时候，妈妈开始帮助她做靠坐练习：妈妈将豆豆放在有扶手的沙发上或在她的身后放些枕头、棉被让她靠坐在上面，之后逐渐减少或者降低豆豆的靠垫，每天 1～2 次，每次坐 2～3 分钟，妈妈发现豆豆非常喜欢自己靠坐的感觉，每次都会开心地"啊啊"叫。当然，把豆豆放在安全的儿童座椅上，靠坐着，选一个风和日丽的上午，爸爸妈妈推着她外出看风景，是豆豆最喜欢的娱乐之一，靠坐着与躺着看到的不同风景着实让豆豆有了不一样的体验，也让她对周围生活的环境有了新的认识。

爸爸妈妈要注意的是：宝宝的骨骼正在发育时期，需要注意不可以长时间让宝宝坐着，每次练习尽量不要超过 5 分钟，否则很容易使宝宝的脊柱造成伤害，甚至还会导致宝宝的脊柱弯曲，严重的还会导致他们驼背，这样就会给宝宝造成发育的负担，同样每天练习的次数也不可以过多，一般练习一次就可以了。

豆豆妈妈也面临一个苦恼，豆豆太喜欢坐起来的感觉了，每次要停止这个练习的时候豆豆总是不开心，有时还会用哭闹表达自己的不满。这个时候妈妈一定要耐心，用温柔的语言来安抚、鼓励宝宝，妈妈可以对宝宝说："坐了这么长时间，看到了好玩的玩具，宝宝真棒呀。坐着很累了，妈妈也需要你的拥抱呢，妈妈抱抱吧。"妈妈张开双手的时候，宝宝也会张开小手想到妈妈怀里去。

《超级父母时间管理术》一书中提到：时间不等人，但是可以等等孩子。给宝宝一些时间，不要跟所谓的同龄宝宝比较谁坐得早，谁坐得稳，谁又学会了一个新技能，每个宝宝都是独立的个体，静待花开可不是喊喊就过的口号。

小练习：

1.看完这篇文章，放下书本，认真地回想一下，自己每天有没有跟宝宝做"坐"的练习呢？

A. 有

B. 没有

2. 你认为用爱的行动帮助宝宝做"坐"的练习,会带给宝宝什么感受呢?

_____

_____

爸爸妈妈帮助宝宝"坐"练习记录表

爸爸妈妈行动的次数	宝宝的表现	观察到的宝宝成长状态

3. 你认为什么样的环境才适合孩子自主学会"坐起来"?

_____

4. 自主学会"坐起来",对宝宝的成长发育有什么样的优势?

_____

5. 如果宝宝的表现不如你预想中的好,你会怎么做呢?

_____

第二节　扭转睡渣宝宝有妙招

> 来热身啦

你认为自己的宝宝入睡困难吗？

A. 是
B. 不是
C. 不确定

你的选择是：_____

关于宝宝入睡困难，你最想了解哪些问题？
- 1. 如何让宝宝在小床上睡觉？
- 2. 我的宝宝是睡渣，我该怎么办？
- 3. 宝宝不刷牙不睡觉，日常惯例怎么用？

1. 如何让宝宝在小床上睡觉？

最近我的同事浩浩妈妈很苦恼，1岁大的宝宝浩浩只要在自己的小床上，就会一直哭，直到妈妈把他带到爸爸妈妈的床上。浩浩妈妈听说过"任由宝宝哭"的做法，可这好像太残忍了。但是，现在她和浩浩爸爸睡眠严重不足，更别提享受独处的时光了。他们急需解决的一个挑战就是：怎样才能让宝宝在他自己的床上一觉睡到天亮。

（1）为什么宝宝不愿意睡在自己的小床上呢？

生理层面上，宝宝对妈妈的依恋是原始的本能。宝宝在胎儿时期，就是听着妈妈的心跳声长大的，有爸爸妈妈在身边，宝宝会感觉到踏实、安全、幸福。

情感层面上，分床睡会让宝宝产生紧张、失落等情绪，误以为爸爸妈妈不爱他了。同时，在宝宝成长的过程中，他可能会对一些事物和想象产生恐惧心理，离开爸爸妈妈的怀抱会增强恐惧感，因为害怕很难入睡。

（2）爸爸妈妈怎么做才能让宝宝在自己的床上享受高质量的睡眠呢？

第一，爸爸妈妈向宝宝表达自己关于睡眠的态度：休息是愉快的，他的小床非常舒适温暖，他还可以把自己喜欢的一两个玩具放在床上，以陪伴他入睡。

第二，爸爸妈妈应相信宝宝的能力。宝宝可以自我安抚、独立入睡，并且在不断地练习后，会做得越来越好。宝宝学会独立睡觉不是一夜之间就能做到的，这需要爸爸妈妈耐心等待，并提供给宝宝他所需要的情感关注与支持。

第三，允许宝宝用哭声来表达他的感受，爸爸妈妈适度地回应。对于父母来说，虽然听到宝宝的哭声会焦虑不安，但仍然需要等待、倾听宝宝的"特殊语言"。宝宝可能用哭声释放一天的压力，可能用哭声来表达愤怒。如果父母难忍心中担忧，我们建议你通过自言自语的方式来舒缓情绪，同时等待看看宝宝接下来会怎样。如果宝宝的哭声不断增强，父母需要干预：平静地关注宝宝、缓慢地与宝宝交流以及轻柔地抚摸宝宝，都可以很好地缓解宝宝的情绪。

第四，宝宝白天的活动会影响夜间的休息。宝宝平静地度过白天，有助于晚上的休息。宝宝白天的活动常规化，成人在其睡前减少对他的刺激及干扰，他就会容易进入睡眠状态。

2. 我的宝宝是睡渣，我该怎么办？

聊到睡觉这个话题，小区里的妈妈们简直停不下来，几乎每个妈妈都遭遇过"宝宝就是不睡觉"的难忘阶段，领教过"充电5分钟，放电2小时"的超级宝宝。有的宝宝每次都需抱睡、奶睡，有的宝宝会在床上翻腾1个小时才肯睡，有的宝宝一定要摸着妈妈的耳朵睡，还有的宝宝身上同时存在上述所有现象。那为什么一提到睡觉，宝宝就磨磨蹭蹭、拖拖拉拉，不肯睡觉呢？怎么做才能让宝宝快速入睡呢？

（1）宝宝为什么磨磨蹭蹭不肯睡觉？

从生理原因上分析，宝宝的精力旺盛。若宝宝白天的活动量较小，到晚上他就会蹦来跳去，不睡觉。有的宝宝午觉睡太久，晚上自然就会晚睡。

从心理原因上分析，宝宝的安全感有缺失，担心入睡后环境发生改变。对于和妈妈一起睡觉的宝宝来说，最可怕的事情莫过于"我睁开眼，妈妈不见了"；对于抱睡的宝宝来说，最担忧的事情是"一觉醒来，我怎么不在妈妈怀里了"；对于奶睡的宝宝来说，最无法容忍的事情就是"打了个盹儿，奶奶就不在嘴里了！"正是由于这些担心，使得宝宝"不舍得"入睡。

（2）爸爸妈妈怎么做才能让宝宝快速入睡呢？

第一，了解宝宝的睡眠规律，观察其睡眠信号。从婴幼儿的大脑发展规律来看，宝宝的入睡周期本身就比成人要长，成人10分钟内可以快速入睡，但宝宝通常都需要30分钟左右。爸爸妈妈了解宝宝的睡眠规律有助于降低自己的焦虑，且将精力转移到认真观察宝宝的睡眠信号上，比如，看宝宝是否打呵欠、揉眼睛、犯迷糊、愣神儿等。

第二，根据哄睡目标，确立日常惯例。爸爸妈妈哄睡宝宝的目标并不是要让宝宝从睁眼到闭眼，而是让宝宝从高度活跃、清醒的状态转为镇定、安静的状态。从镇定到入睡，则是宝宝自己要完成的任务。爸爸妈妈可以为宝宝制订适合他的日常惯例，每天陪伴入睡的人、地点、日常行为和习惯都保持一致，可以提高宝宝的安全感，加快宝宝的入睡速度。比如睡前洗澡、讲故事、听舒缓的音乐等事情可按一定的顺序进行，而这些内含顺序的事就将给宝宝以提示，久而久之，宝宝能预知接下来要发生的情况，他的安全感提高了，入睡的速度就会加快。

3. 宝宝不刷牙不睡觉，日常惯例怎么用？

遇到孩子入睡困难时，你是怎么做的？

A. 想尽一切办法哄睡
B. 强制要求宝宝按照惯例表，不睡就受罚
C. 冷眼不干涉孩子的行为，困了就睡了
D. 不知道怎么做

你的选择是：_____

每当晚上7点半，就到了嘟嘟妈妈最纠结的时候，因为接下来是最难搞定的刷牙、洗脸、洗澡和睡觉。每天晚上，嘟嘟都能在睡觉前折腾1个多小时，妈妈会为这事窝一肚子火。在嘟嘟妈妈的育儿理念中，嘟嘟7点半开始刷牙、洗澡，8点准时上床，这应当是最妥当的就寝安排了，也符合宝宝的生长发育需要。但是事实与此却相去甚远，每晚嘟嘟闭上眼睛呼呼入睡时，都已是9点多了。嘟嘟妈妈很无奈，让宝宝刷牙、睡觉怎么就这么难呢？嘟嘟妈妈固定了入睡程序，建立了"日常惯例"，为什么宝宝就不能遵守呢？

（1）为了让宝宝刷牙、睡觉，爸爸妈妈都用过哪些招数？

第一招：好言相劝，催促宝宝进入睡觉程序。在准备入睡的时候，爸爸妈妈通常会温言和语地跟宝宝说："宝宝，该去刷牙啦！"如果宝宝还在玩耍，爸爸妈妈可能会催促道："宝宝，快点儿啦！该刷牙啦！刷完牙我们就可以睡觉了！"

第二招：火冒三丈，充耳不闻宝宝的无理取闹。宝宝一听说要刷牙，立刻就说"肚子饿，要吃东西"。当宝宝完全不理会爸爸妈妈的催促时，爸爸妈妈通常会动手把宝宝抱去洗漱台。而这会儿恰恰是宝宝反抗最激烈的时候，面对宝宝的"不要不要！"或是哇哇大哭，爸爸妈妈内心的烦躁感不断增强，结果要么是强制给宝宝刷牙，要么是把宝宝"丢"回去，整个家里混乱得仿佛战场一般。

第三招：迁就妥协，满足宝宝提出的各种奇葩要求。爸爸妈妈"斗"不过执拗的宝宝，只好迁就宝宝、满足宝宝提出的各种要求：要"吃东西"后才刷牙、要把所有的玩具都抱到卫生间才肯洗澡、要妈妈讲一百遍故事才睡觉……直到爸爸妈妈和宝宝都精疲力尽、心烦意乱，爸爸妈妈才可能看到宝宝入睡的胜利曙光。

（2）到底什么样的"日常惯例"能让宝宝主动遵守呢？

第一，与宝宝共同约定的日常惯例。在宝宝心情美丽的时候，邀请宝宝一起想想看：在睡觉前，他和爸爸妈妈有哪些事情需要做？爸爸妈妈可以假装想不起来，请宝宝帮忙把事情罗列出来，并且将这些固定为每天的项目。然后，爸爸妈妈用宝宝能够理解的语言和有限的选择，继续邀请宝宝约定项目的完成顺序。

比如"第一件事情是刷牙还是洗脸呢？"

"在刷完牙之后，你是想要妈妈陪你洗澡，还是想要妈妈带着小鸭子陪你洗澡呢？"

"洗完澡之后，我们是讲一遍故事就睡觉，还是唱一首歌就睡觉呢？"爸爸妈妈可以把共同约定的日常惯例海报粘贴在宝宝可以看到的地方。

第二，与宝宝共同遵守日常惯例。爸爸妈妈按照和宝宝约定的事项和顺序，和宝宝一起依次完成相应事项，如此会让宝宝形成"每个人都要遵守惯例"的认知，这更加有助于宝宝遵守惯例。如果宝宝在惯例执行过程中想要磨蹭或者不遵守约定，那爸爸妈妈就需要温和地提醒一句："请宝宝想一想，我们共同约定的惯例中，下一步该做什么了？"如果宝宝还是有些不情愿，想要试探一下爸爸妈妈的底线，那么爸爸妈妈可以运用一些小游戏来吸引宝宝参与到下一项惯例中。

爸爸妈妈每天最安心的时刻，我想就是夜晚看着宝宝安睡的容颜。

小练习：

1. 你家宝宝是否也出现过入睡困难？

A. 有

B. 没有

2. 你是如何处理的？结果如何？

3. 你有跟宝宝一起制定惯例表的案例吗？

A. 有

B. 没有

4. 爸爸妈妈与宝宝制定日常惯例表沟通记录清单。

（1）爸爸妈妈邀请宝宝建立惯例表的语言：

_____

（2）爸爸妈妈和宝宝共同制定的规则：

_____

（3）宝宝行动执行情况：

_____

第三节　牙齿，生长发育的里程碑

> **来热身啦**

你的宝宝多大开始有乳牙萌出？

A. 4～6个月
B. 6～10个月
C. 10个月以上

你的选择是：_____

关于宝宝的牙齿，你最想了解哪些问题？
- 1. 宝宝开始出牙了，但是不愿意刷牙，怎么办？
- 2. 宝宝出牙了，但是总咬妈妈，怎么办？
- 3. 宝宝爱吃手，什么都往嘴里放，是口欲期吗？

1. 宝宝开始出牙了,但是不愿意刷牙,怎么办?

5个月起,有一些宝宝开始冒出白白嫩嫩的乳牙了。这对小宝宝来说,是生长发育的一个里程碑,对爸爸妈妈来说,人生又多了一项重要挑战——刷牙。据不完全统计,大部分家庭关于刷牙的挑战可能会从半岁一直延续到上小学。

不刷牙可能带来严重的后果,爸爸妈妈们几乎全都了如指掌:如果24小时不刷牙,牙齿表面就会形成一层薄薄的牙菌斑;如果1个月不刷牙,口腔中的细菌就会慢慢腐蚀牙齿。牙周病、龋齿等口腔疾病是爸爸妈妈们每天都提心吊胆的洪水猛兽。但是宝宝完全不理会这些道理,大脑发育程度决定了他们无法理解这么复杂的逻辑关系,而且即使理解了他们也并不感兴趣,更不会遵从。

(1)为什么宝宝不愿意刷牙?

一方面,口腔的异物让宝宝缺乏安全感。无论是指套牙刷还是纱布,对于宝宝来说都是嘴巴里的"陌生来客",宝宝内心的恐惧和担忧丝毫不亚于我们躺在牙科诊所等待治疗时的忐忑心情——因为我们完全不知道下一刻会有什么东西在嘴巴里。

另一方面,被控制让宝宝本能地反抗。为了让宝宝能够配合刷牙而不会被戳伤,我们会不由自主地加大手劲,牢牢控制住宝宝。而且宝宝越抗拒,我们控制的力度就越大,这让宝宝本能地想要逃脱。

（2）爸爸妈妈怎么做才能让宝宝养成刷牙的好习惯呢？

第一，引导宝宝熟悉牙齿和牙刷。在绘本故事和游戏中增加牙刷和牙齿的内容，让宝宝对于进入自己嘴巴的牙刷有熟悉感。

第二，增加刷牙的趣味性。可以一边刷牙一边唱歌、讲故事，对于大一些的宝宝，也可以来点"安慰剂"：让宝宝给妈妈刷刷牙。宝宝从情绪上感到放松，对刷牙这件事情就不再一味地抗拒了。

第三，和善而坚定地坚持。尽管宝宝可能仍然有抵触情绪，但是每天的坚持依然非常重要。在固定的时间、以固定的顺序、和固定的家人一起做固定的项目，会让宝宝在最短的时间内养成习惯。坚持的过程可以是充满趣味的，但结果一定是认真地完成刷牙这项任务。

2. 宝宝出牙了，但是总咬妈妈，怎么办？

你家的宝宝有咬妈妈的情况吗？

A. 有
B. 没有

你的选择是：_____

9个月的浩浩已经出了4颗牙了，浩浩妈妈为此却很发愁。因为前段时间，浩浩简直变身"咬人小狂魔"：吃奶的时候咬奶头;被妈妈抱着的时候咬妈妈的胳膊;抓着妈妈的手指当磨牙棒。妈妈被"折磨"得苦不堪言。在宝宝出牙期间,妈妈怎么才能熬过去呢?

(1)宝宝为什么喜欢咬妈妈?

从生理的角度来看,在出牙时,宝宝的牙龈会肿胀和疼痛,而在吃奶或者咬到妈妈手指时,他发现咀嚼和摩擦能够缓解牙龈疼痛。此后,他就会频繁地通过咬奶头、咬胳膊、咬手指等缓解出牙的不适感。

从心理的角度来看,宝宝在第一次尝试到"咬"能够缓解疼痛时,妈妈可能会忍不住惊呼"好疼!"不少宝宝会觉得妈妈的过激反应很好玩,误以为这是一场游戏,因此更加期待妈妈这样的反应,进而从咬乳头发展到咬胳膊、咬手指,甚至见什么都咬。

(2)爸爸妈妈怎么做才能安然度过这段"磨牙期"呢?

第一,认真坚定地告诉宝宝:"不行,妈妈很疼。"哺乳被咬时,妈妈可将宝宝的头轻轻地扣向乳房,宝宝会本能地松开嘴,因为他会发现自己不能一边咬人一边呼吸。然后,妈妈可以温柔而坚定地告诉宝宝:"你咬了妈妈,妈妈很疼。"妈妈不仅要尊重宝宝的发育规律,也应该尊重自己的感受,这也能让宝宝学习尊重自己和他人。

第二,准备合适的磨牙工具。爸爸妈妈可以给宝宝挑选硬度大,不易断裂,断裂后不会出现棱角的磨牙棒、饼干或者是清洁消毒过的牙胶,这些物品都可以帮助宝宝满足磨牙的欲望。给宝宝设定明确的界限:磨牙棒、牙胶是可以咬的,妈妈是不可以咬的。试想一下,如果在一个城市中完全没有红绿灯和标志线的存在，你敢开车上路吗？界限会给宝宝带来安全感，可以让宝宝清楚地知道：妈妈很爱他，他不能咬妈妈。

第三，尽量避免强烈的反应。宝宝突如其来的咬人，会给妈妈带来猝不及防的疼痛感，妈妈往往会叫出声来。有的宝宝会觉得好玩，从而重复这个过程；有的宝宝则会受到惊吓，不理解妈妈为什么突然这么凶，甚至出现拒绝吃奶的情况。

3. 宝宝爱吃手，什么都往嘴里放，是口欲期吗？

遇到宝宝爱吃手，你是怎么做的？

A. 想尽一切办法哄宝宝不能吃手
B. 严厉批评或说教吃手的危害
C. 冷眼不干涉孩子的行为，吃够了就不吃了
D. 不知道怎么做

你的选择是：_____

吃手、吃手上的任何东西，几乎是每个宝宝都会经历的。梦梦也不例外，对她来说，手是这个世界上除了母乳之外最好吃的东西，无聊时啃两口，睡觉前啃两口。如果爸爸妈妈在她的手里放了其他东西，那她也是毫不犹豫地往嘴巴里送。

（1）宝宝为什么爱吃手？为什么会把东西都往嘴里放？

吮吸的需求是所有宝宝天生自带的，宝宝吃手代表着自我认

知的开始,他们可能用大拇指或者其他手指来寻求自我安慰。宝宝的口唇是感知外界最敏感的窗口,本能促使宝宝无意识或有意识地把手中的物品放在嘴巴里感受。

(2)这是宝宝的"口欲期"吗?

"口欲期"是精神分析流派代表人物弗洛伊德在《性学三论》中提及的性心理学理论:婴儿会经过口腔期、肛门期、性器期、潜伏期、生殖期5个阶段。这是弗洛伊德理论的基础架构之一,但并不完全适用于婴幼儿的身体和心理发育规律。所以,"口欲期"这个性心理学的理论用词,虽然和宝宝吃手、用嘴巴啃咬物品等有相关度,但并不能等同,更不能轻易下定义"宝宝到口欲期了"。宝宝的表现是其生长发育的正常现象,爸爸妈妈不必过度解读,也不必过于焦虑。

(3)宝宝吃手,啃咬物品,爸爸妈妈该怎么做?

第一,放松心态,坦然接受宝宝的正常行为。宝宝适度吮吸手指、啃咬物品不仅正常,对其成长与语言发育也都没有影响。

第二,保持卫生,提供安全的环境。爸爸妈妈保持地面、玩具、手部的干净清洁,经常给宝宝修剪指甲,防止其划伤脸部。

第三,适度引导。若宝宝3岁以后,上述行为仍然存在,需加以干涉。宝宝吃手、啃咬物品,就和学说话、学走路、学上厕所一样,是自然过程,如果爸爸妈妈能够充分陪伴和引导,随着宝宝的成长发育,这种行为在3岁前会逐渐减少直至消失。

小练习：

1. 你家宝宝是否也出现过吃一切的口欲？

   A. 有

   B. 没有

2. 你是如何处理的？结果如何？

   _____

   _____

3. 你打算做些什么让孩子配合刷牙呢？

   爸爸妈妈做了哪些准备
   - _____
   - _____

   爸爸妈妈如何跟宝宝沟通
   - _____
   - _____

   宝宝行动的执行情况
   - _____
   - _____

第四节 宝宝的语言发展

来热身啦

你认为宝宝是一个爱表达的孩子吗?

A. 是
B. 不是
C. 不能确定

你的选择是:_____

关于宝宝的语言发展,你最想了解哪些问题?
- 1. 宝宝不爱开口说话,这是正常的吗?
- 2. 如何帮助宝宝丰富口头语言?
- 3. 宝宝变成了"十万个为什么提问器",爸爸妈妈该如何应对?

1. 宝宝不爱开口说话，这是正常的吗？

乐乐妈妈每次看到小区里和乐乐同龄的小朋友说话已经很流利了，有的甚至还能背儿歌，都会特别羡慕。因为乐乐到现在还不太会说话，只会说"啊""妈妈"这样简单的词汇，偶尔会说一串话，可是爸爸妈妈完全听不懂，因此非常着急。他们知道乐乐什么都能听懂，可不明白为什么还不会说话！宝宝不开口说话，这可怎么办呢？

（1）为什么有的宝宝说话晚？

一方面，与宝宝自身的生长发育规律有关。每个宝宝开口说话的时间不一样，有早有晚，大多数宝宝会在 10～15 个月开始说话，但是部分宝宝在 22 个月才开始大量使用语言。如果宝宝经医生诊断没有身体疾病或者语言障碍，那么宝宝在 2 岁以前开始使用语言都是正常的。

另一方面，与宝宝生活的环境有关。有的爸爸妈妈少言寡语，很少和宝宝交流，这样宝宝就缺少语言输入，会出现说话晚的情况。还有的爸爸妈妈把宝宝照顾得太周到了，宝宝只要指着水杯"啊"一下，爸爸妈妈就立刻把水杯递到宝宝的手中，这样宝宝会失去学习说话的动力和机会，也会出现说话晚的情况。

（2）爸爸妈妈该如何看待宝宝"不会说话"这件事？

第一，保持耐心，静待花开。宝宝在学说话的过程中，最需要的就是父母的耐心与陪伴。爸爸妈妈的焦急和迫切，会无形中带给宝宝很大的压力,让他更不愿意开口说话。爸爸妈妈只要认真观察,会发现宝宝除了语言外,还可以自行探索出很多种方式和爸爸妈妈交流,比如面部表情、身体姿态等,这些正是"不会说话"的宝宝的优势。

第二,创造环境,接纳错误。为宝宝创造适合开口说话的轻松环境,比如,爸爸妈妈经常和宝宝用语言交流,在宝宝需要某种物品的时候,鼓励或引导他说出这个物品的名称。当宝宝偶尔犯一些小错误的时候,比如把"梨子"说成了"泥子"的时候,爸爸妈妈不必急于纠正他,因为对于小宝宝来说,"说出来"远比"说正确"要重要得多。

2. 如何帮助宝宝丰富口头语言?

帮助宝宝丰富口头语言,你和家人通常是怎么做的?

A. 强制教学,强迫宝宝跟着大人说
B. 哄孩子说,说好后给糖吃
C. 不说就不说,不管了
D. 不知道怎么办

你的选择是:_____

吃完饭,乐乐一直在找妈妈,情急之下第一次从口中蹦出了"妈妈"这个词语,听到宝宝用稚嫩的声音喊自己,乐乐妈妈心里乐开了花,一直期盼的这一刻终于到来了。伴随着这份甜蜜,乐乐妈妈不禁陷入了思考:在宝宝咿呀学语的时期,我们怎么做能帮助宝宝进行语言训练,锻炼他的听说能力呢?

(1)什么是语言敏感期?

意大利教育学家玛利亚·蒙台梭利在《童年的秘密》一书中提出了敏感期的概念,指的是0～6岁的宝宝在成长的过程中,受内在生命力的驱使,在某个时间段内对某一事物特别感兴趣,表现出一种狂热的学习欲望,不断重复实践。这个时期被教育家称为"关键期",也就是说,敏感期是获得某种能力的最佳阶段。

当宝宝开始注视大人说话的嘴形并开始咿呀学语时,就开始了他的语言敏感期。敏感期的宝宝能轻松地学会母语,这得益于宝宝所处的语言环境以及自然所赋予的语言敏感力。

1岁前宝宝处于前语言期,对声音尤其是妈妈的声音非常敏感,大量丰富的语言交流可以有效刺激宝宝的语言发展;1～3岁处于不同的语言发育阶段,一般在2岁左右,宝宝开始进入"语言爆发期",喜欢自言自语且乐此不疲地模仿大人说话。宝宝口语表达变得丰富后,会进入书面语言的关键期。

(2)爸爸妈妈如何帮助宝宝学习口头语言?

第一,营造相对稳定和自然的语言环境,多和宝宝进行语言交流,并注意使用简单、清晰、规范的语言。爸爸妈妈可以利用日常护理的机会与宝宝交流。在护理前,提前告知,如"妈妈接下来要给你换尿不湿了",给宝宝反应的时间,同时在活动的过程中,用语言描述整个过程以促进宝宝将语言和动作对应起来,比如，"我抬起了你的小屁股""我把湿尿不湿扔掉了"。当然，也可以通过给宝宝读诗、讲故事等方式进行听觉刺激。

第二，创造机会，引导宝宝规范地表达。当宝宝经过大量的听觉刺激后，2岁左右会进入语言爆发期，此时，爸爸妈妈应引导宝宝用语言来表达自己的需求，比如宝宝想喝水，家人不要直接把水杯递给他，让他尝试用清晰的词语或者句子来表达自己的需求。对于大一些的宝宝，爸爸妈妈可以让他复述绘本故事或描述喜欢的图片等有趣的方式进行表达练习。

第三，建议爸爸妈妈给语言敏感期的宝宝多些耐心、鼓励，少些批评、指责。宝宝在练习说话时，常会表达不当，请不要当面指责："你这样不对，你再说一次！"这将导致宝宝受挫而无意学习。如果宝宝告诉你："妈妈，我要一个书。"我们知道他使用的量词不正确，那就可以用正确的语言反问他："你要一本书吗？"宝宝会答："是。"我们还可以继续问："你要什么？"宝宝一般就会说："一本书。"当你把那本书递给宝宝时，可再次强化："这是一本书，给你。"

3. 宝宝变成了"十万个为什么提问器"，爸爸妈妈该如何应对？

宝宝总问为什么，你会怎么做？

A. 特别烦，告诉宝宝没有为什么

B. 哄宝宝，耐心讲解，讲一大堆科学大道理

C. 当没听见，转移话题

D. 不知道怎么做

你的选择是：_____

大概从两岁开始，范范就开启了"十万个为什么"的开关。当爸爸妈妈和范范一起玩耍或者聊天时，不经意间，范范就会问："为什么？""妈妈，为什么积木是方形的？""为什么要搭高高呀？""为什么好玩呀？"……爸爸妈妈感觉越来越力不从心，从未觉得自己知识这么贫乏，完全应付不了范范突如其来的连环问。宝宝为什么那么喜欢问"为什么"？爸爸妈妈怎么回答，才能完美应对"为什么"的挑战呢？

（1）宝宝为什么喜欢问"为什么"？

一方面，问"为什么"是宝宝的好奇心使然。宝宝的认知能力和语言能力发展到一定水平，就会对身边的事物、神秘的自然界产生强烈的好奇心，这驱动着他用自己熟悉的方式向熟悉的人寻求答案。当宝宝对好奇的事物或现象提出问题的时候，真正的思考才开始。

另一方面，问"为什么"是宝宝在表达自己的兴趣。一位波士顿科学博物馆的教授，每天都要面对成百上千位提问的宝宝，他说："5岁以下的孩子有自己的提问特点，有的问题，他们是想知道一个准确答案，但大多数时候，他们只是在表达自己对这个话题的兴趣，他们是用自己的方式对爸爸妈妈说'哇，这个很有趣，我很好奇，我想继续探索它'。"

（2）面对宝宝提出的"十万个为什么"，爸爸妈妈应该怎么回答呢？

第一，积极回应宝宝的提问，接纳宝宝的好奇心。当宝宝提出"为什么"时，说明他在思考、在观察、在和我们分享他的收获。提出好的问题比获得好的答案更重要。当宝宝问一些看起来特别幼稚的问题时，比如，"妈妈，天空为什么这么蓝啊？""飞机为什么有两个翅膀？"爸爸妈妈的第一反应应当是为宝宝的思考和提出的奇妙问题而惊喜，而不是一笑置之，否则就会打击宝宝思考和分享的欲望。

第二，宝宝的"十万个为什么"并不需要"十万个正确答案"。爸爸妈妈回答"十万个为什么"的最好方式不是像科学家一样给出正确答案，而是要善用"反问句"询问宝宝的观点，甚至与宝宝一同围绕着他的"为什么"展开一段讨论，陪他一起探寻未知。当宝宝在问问题之前，他自己已经思考过这个问题了，正因为是他自己提出的问题，也就最能激发他寻找答案。正如《如何说，孩子才会听；怎么听，孩子才肯说》一书中所说："他们需要大人做的是充当一个回音壁，帮助他们更进一步去探索他们的思想。"

小练习：

1. 你有帮助宝宝发展语言能力的方法吗？

_____

_____

_____

2. 你打算做些什么帮助宝宝发展语言能力呢?

_____

_____

_____

宝宝语言能力提升记录表

爸爸妈妈打算做什么	爸爸妈妈如何跟宝宝沟通	宝宝的反馈情况

第四章
自由玩耍篇

儿童的行为，出于天性，也因环境而改变，所以孔融会让梨。

——鲁迅

本章主要介绍养育宝宝过程中至关重要的"玩耍模块"。俗话说：婴幼儿的主要工作任务是吃、睡、玩。玩耍是宝宝养育过程中的重要主题。本章从宝宝与玩具、玩耍与专注、亲子与旅行等方面帮助父母进行分析与总结，希望你能借由它们，快乐养育、轻松陪伴。

自由元寇篇

第一节　玩具多少才算够

来热身啦

你会多久给宝宝买一次玩具?

　　A. 一周
　　B. 一个月
　　C. 不确定，随时买

你的选择是：_____

关于玩具多少才算够，你最想了解哪些问题?
- 1. 小宝宝不喜欢玩玩具，宝宝喜欢什么呢?
- 2. 大宝宝一进商场就要买玩具，爸爸妈妈如何拒绝宝宝的无理要求?
- 3. 宝宝不愿意和其他小朋友分享自己的玩具怎么办?
- 4. 宝宝不收玩具怎么办?

1. 小宝宝不喜欢玩玩具，宝宝喜欢什么呢？

自桐桐出生以后，桐桐的爸爸妈妈就特别爱买玩具，妈妈爱买各种网红玩具，益智的、暖心的、卖萌的，爸爸爱买各种小汽车，回力的、发光的、遥控的。每次买玩具时，爸爸妈妈都想象桐桐抱着玩具乐开怀的小模样。结果，桐桐却根本不爱玩这些玩具。桐桐妈妈在朋友圈里发了一通感慨，没想到其他妈妈纷纷来应和，表示她们家的小宝宝也是一样。

（1）宝宝最喜欢玩的到底是什么？

从种类上说，以日常生活用品为主，是"可以玩的物品"。2岁以前的宝宝最爱玩、最好奇的物品是什么，我们曾经做了一个答案征集，结果是：眼镜、餐巾抽纸、卷筒卫生纸、遥控器、键盘、锅碗瓢盆、书本、球……总的来说，小宝宝最喜欢的不是玩具，而是"可以玩的物品"。

从特点上说，这些物品没有声光电特效，没有复杂的功能，是"被动的物品"。这类"可以玩的物品"跟商场里卖的玩具，尤其是跟iPad、电动小汽车、旋转床铃、摇摇车之类的玩具相比有什么区别呢？简单点说，这些东西"自己不会动"，也就是说它们是"被动的"，宝宝不去碰触它，它就不会动，玩耍的主动权掌握在宝宝手里。

（2）宝宝为什么喜欢玩"被动的物品"呢？

一方面，与"被动的物品"在一起，宝宝就变成了"主动的宝宝"。掌握了主动权的宝宝，会充满自信和安全感。因为他的"玩具"不会莫名其妙地开始启动、开始唱歌、发出奇怪的声音和炫目的画面。宝宝只要不动手，这些物品就老老实实的。这样，宝宝就能放心地抓、捏、揉、撼、掐、咬、啃、摸、蹭、扔……想怎么玩，就怎么玩，在这个充满安全感的环境中"做自己的主人"。

另一方面，与"主动的玩具"在一起，宝宝就变成了"被动的宝宝"。"主动的玩具"大多以声光电为主导，宝宝只需要轻轻点一下屏幕或是投一个币，甚至根本不用动，玩具就能自己动起来。在玩这类玩具的时候，玩具自己会动，而宝宝却不用动，也基本没有主动权，是"被动的宝宝"。宝宝老老实实地呆坐看着，失去了思考其他玩法的必要，即使想到了也很难用上。因为宝宝的主要精力都被这些声音、摇动、画面等分散了，严重地降低了他的探索需求及发展自我能力的欲望。在这种情况下，环境的主人是玩具，而不是宝宝。所以，给宝宝提供什么样的玩具，取决于你想要一个怎样的宝宝。

"主动的玩具，被动的宝宝。"

"被动的玩具，主动的宝宝。"

2. 大宝宝一进商场就要买玩具，爸爸妈妈如何拒绝宝宝的无理要求？

你家的宝宝有一进商场就要买玩具的情况吗？

A. 有

B. 没有

你的选择是：_____

（1）为什么宝宝总是不满足？

一方面，宝宝天生对外在世界抱有好奇心。在爸爸妈妈看来几乎一模一样的两个小汽车，宝宝却能以敏锐的观察力告诉我们其中的区别。家里一模一样的零食，在超市的灯光、背景音乐和售货员阿姨喜气洋洋的笑脸中，会变得格外具有吸引力，让宝宝难以抵抗。

另一方面，宝宝从未体会过节制自己的内在欲望。"再苦不能苦孩子"的理念影响了不少家庭，爸爸妈妈希望能够把最好的给宝宝，所以对宝宝的要求来者不拒。宝宝在"凡事以我为中心"的环境中生活久了，对欲望没有节制，就无法体会到"珍惜"和"期待"的幸福感。

（2）爸爸妈妈如何拒绝宝宝的无理要求？

第一，提前列出清单，约定"可以"和"不可以"的范围。在出门之前，爸爸妈妈和宝宝一起做一个"购物清单"或者"游玩清单"，约定好在商场、超市或者游乐场里，哪些是可以做的，哪些是不可以做的。宝宝自己列出的清单，遵守的可能性会比较大。

第二，用"可以做"代替"不能做"，给宝宝有限的选择。当宝宝想要某个玩具时，爸爸妈妈可以用"我们可以一起看看清单上还有什么东西没有购买？"来替代"不能买！"或者是给宝宝有限的选择："你是愿意我自己去结账，还是愿意我们俩一起去结账呢?"

第三,温和地说出宝宝的感受,坚定地遵守约定。当宝宝躺在地上哭闹时,爸爸妈妈可以温和地说出宝宝的感受:"你想要这个玩具,但是我们的清单上没有,你一定觉得特别难过。"爸爸妈妈可以陪着宝宝一起度过这个难熬的时刻,但仍需坚定地遵守之前的约定。当宝宝知道哭闹无法实现自己的愿望时,自然会选择更合适的方法来表达,比如在下次的清单上列出这个玩具。

3. 宝宝不愿意和其他小朋友分享自己的玩具怎么办?

遇到孩子不愿意和其他小朋友分享自己的玩具时,你是怎么做的?

A. 指责孩子小气,不懂事
B. 强制把宝宝的玩具抢过来给其他小朋友玩
C. 冷眼不干涉孩子的行为
D. 不知道怎么做

你的选择是:＿＿＿＿＿＿＿

每次带冰冰到小区里玩耍,妈妈总会碰上类似这样的困扰:有个小朋友眼巴巴地看着冰冰手里的小汽车想要玩一会儿,那位小朋友的妈妈也问道:"冰冰,你的小汽车可以让弟弟玩一会儿吗?"冰冰却一下子把小汽车藏到自己的怀里。还有一次,亲戚家的小姐姐来家里做客，妈妈为了防止冰冰不愿意分享玩具，特意把冰冰平时都不爱玩的玩具拿了出来，结果冰冰连这些玩具都严防死守，不肯给小姐姐玩。妈妈又尴尬又无奈，宝宝不愿意和其他小朋友分享自己的玩具，正常吗？爸爸妈妈该如何引导呢？

（1）宝宝不愿意和其他小朋友分享自己的玩具，正常吗？

从主观上看，宝宝在1岁以后逐渐建立了物权意识。他虽然能区分出"我"和"他人"的关系，但是还分不清"你的"和"我的"之间的界限。在宝宝的心里，只要喜欢的东西，他就可以伸手拿，也就是说"你的是我的，我的也是我的"。只有当宝宝到3岁左右时，开始有了真正的社交需求后，才会建立起初步的分享意识。所以宝宝不愿意和其他小朋友分享自己的物品是正常的。

从客观上看，宝宝的分享行为是建立在自身物权意识的基础之上的。宝宝需要先得到，才会有能力给予。换句话说，宝宝先得明确"这是我的东西"的概念，才会逐渐懂得"与人分享"。即宝宝只有懂得珍惜自己的物品、维护自己的权利，才会懂得尊重别人的物品并学会与人分享。所以，不愿意分享是学会分享的必经阶段。

（2）爸爸妈妈该如何引导宝宝对待"分享"这件事呢？

第一，放下对"分享"的执念，给宝宝成长的时间。宝宝的物权意识发展是需要时间的，所以爸爸妈妈不必执着于宝宝的"不愿意分享"。我们并不是希望宝宝只学会把玩具交给他人，而是希望他有爱心，能在分享的过程中体验到爱的流动。

第二，守护好宝宝的玩具，让他的内心因为有你而强大。爸爸妈妈是宝宝最信赖的人，而那些看起来不起眼的玩具，可能对宝宝来说就是无比重要的"唯一"。所以，在宝宝心目中最重要的人应当保护好他最重要的玩具，而不是随意做主将其分享给他人，这将会让宝宝产生对人和物品的安全感，是下一步宝宝学会分享的前提条件。

第三，爸爸妈妈做好示范，引导宝宝用交换替代分享。爸爸妈妈可以给宝宝吃自己的食物、看自己的书，并让他知道这些虽是爸爸妈妈的东西，但我们愿意和他分享。在爸爸妈妈的示范影响下，让宝宝体会分享带来的快乐。爸爸妈妈可以引导宝宝交换或者轮流玩玩具，以此来替代"分享"，这样宝宝会感受到，交换玩具并不会让自己失去玩具，反而可以玩到别人的玩具。

4. 宝宝不收玩具怎么办？

晚上8点，可可妈妈才到家，一进门，看到客厅的状况又与昨天一样：满地都是可可的玩具。顿时，她的火气就噌噌地往上蹿。究竟怎么做才能让宝宝养成收拾玩具的好习惯呢？

（1）为什么宝宝不爱收玩具？

从客观上来看，不收玩具，并不是宝宝缺乏责任感，而是他不知道怎么收或者超出了他的能力范围。比如，拿出来的玩具太多，收拾起来太困难，超过了宝宝力所能及的范围，宝宝就会放弃；家中没有为玩具设置储物空间，宝宝不知道应该把玩具收纳在哪里。

从主观上来看，家长不恰当的处理方式导致宝宝不收玩具。当宝宝玩完后，大人常常主动帮他收拾，这样一来，他就会依赖大人；当宝宝收拾不好时，大人在宝宝完成后又帮忙整理一遍，这会让他觉得自己没必要收拾；大人对宝宝不收玩具的行为持不坚定、纵容、无所谓的态度，会造成宝宝无视收纳的后果并养成依赖家长的习惯。

（2）家长该怎么应对？

第一，事先和宝宝约定他玩耍时取出的玩具数量、收玩具的时间以及玩具收起来后应该放置的位置。一次拿出来玩的玩具过多，宝宝收起来较困难，爸爸妈妈可以告诉宝宝："一次玩一样玩具，玩完收好才可以玩第二样""一次最多玩不超过3样玩具""在吃饭、洗澡、晚上6点前需要收起来放好"。同时，爸爸妈妈确保宝宝知道每样玩具应被放置的位置。当收玩具变成常规，逐渐养成习惯后就变成了宝宝自然而然的行为。

第二，对于约定的内容，父母要温和而坚定地执行。例如，当宝宝拒绝收玩具时，爸爸妈妈可以把他带到玩耍的地方，坚定地告诉他："这些玩具怎么回家啊，你能送它们回家吗？"爸爸妈妈可以通过此类游戏化的方式引导宝宝把玩具收起来。在这个过程中，父母要坚持原则、不能妥协，否则很难帮助宝宝养成收拾的好习惯。

第三，观察宝宝，关注宝宝的情绪变化，给予其理解、支持和鼓励。如果宝宝没有玩完，爸爸妈妈对宝宝的共情与理解，可以让宝宝感觉更好、做得更好，比如，"我知道你很喜欢它，还想继续玩一会儿，我们明天可以继续玩。"宝宝自己若能将玩具收拾得较好,爸爸妈妈应给予鼓励和肯定,比如,"我看到你将小火车安全地送回了家。"

小练习:

1. 你家宝宝是否也出现过不收玩具的情况?

A. 有

B. 没有

2. 你是如何处理的? 结果如何?

_____

_____

_____

_____

3. 你有引导孩子主动收拾玩具的案例吗?

_____

_____

_____

_____

第二节　关于玩具，捡不断，理还乱

> **来热身啦**

你有给宝宝买很多玩具吗？

A. 有
B. 没有
C. 不知道算不算多

你的选择是：_____

关于宝宝和玩具，你最想了解哪些问题？
- 1. 不给买玩具，宝宝就哭闹发脾气怎么办？
- 2. 宝宝得不到自己想要的玩具就哭闹怎么办？
- 3. 宝宝只想玩其他孩子的玩具，不想分享自己的玩具怎么办？

1. 不给买玩具，宝宝就哭闹发脾气怎么办？

松松已经两岁了，作为家里唯一的宝宝，只要松松想要的家里人都会满足。可是随着松松渐渐长大，想要的东西也越来越多了，最近只要家人带松松去商场，他就要拿着玩具不放手，跟他说家里有好多同样的玩具，他还是不撒手，就是要买。给他买了，玩不了几天就扔一边了，不给买就哭闹不止，怎么哄都不管用。该怎么办呢？

（1）不给买玩具孩子就哭闹发脾气的原因是什么呢？

第一，孩子有自我意识，他想按照自己的意志去行动、去要求，当爸爸妈妈不满足自己的要求时，他会紧张、焦虑，此时孩子无法用语言描述，就会通过哭闹、发脾气来发泄情绪。

第二，爸爸妈妈过于娇惯孩子，只要孩子一哭，便会满足孩子的愿望，久而久之，孩子揣摸透了爸爸妈妈的心理，便会通过哭闹来要挟爸爸妈妈，让爸爸妈妈满足自己的愿望。

（2）当孩子出现不给买玩具就哭闹的情况应该怎么做呢？

第一，提前商定。爸爸妈妈和孩子可以在心情好时做一个约定，一起商量多长时间可以买一个玩具，这样既可以更好地拒绝孩子随时买玩具的要求，又可以让孩子学会选择。比如，爸爸妈妈告诉孩子："宝宝，最近我们买了太多玩具了，家里都快放不下了，我们约定一周买一个玩具吧！"

第二，两项选择。爸爸妈妈在商场拿两样在自己能够承受的金钱范围内的玩具，然后跟孩子说："宝贝，妈妈拿了两样玩具，你想要哪一样，妈妈可以买给你。"

第三，耐心安抚。爸爸妈妈在孩子哭闹、发脾气时，蹲下来，握住孩子的手，看着孩子的眼睛，温柔地跟孩子讲："宝贝，妈妈知道你有点不开心，妈妈会陪着你的。"同时，爸爸妈妈可以给孩子一个温暖的拥抱，缓解孩子的情绪。

通过爸爸妈妈和孩子提前商量好买玩具的时间及个数，给孩子自己选择买玩具的权利，帮助孩子克服不给买玩具就哭闹发脾气的问题。当不给孩子买玩具他就哭闹发脾气时，孩子最需要的其实是爸爸妈妈的倾听和陪伴，而不是娇纵和批评。

需要注意的是，如果孩子情绪非常强烈，爸爸妈妈可以立即把孩子带离现场，到人少的地方，然后陪着孩子发泄他的情绪，等待孩子平静下来。当爸爸妈妈发现孩子出现破坏物品和伤害别人等行为时，要立即握住孩子的双臂，看着孩子的眼睛，制止这种行为。引导孩子用正确的方式对待拒绝是一个漫长的过程，爸爸妈妈需要给孩子一点时间，倾听孩子的想法和陪伴孩子度过伤心的日子。

2. 宝宝得不到自己想要的玩具就哭闹怎么办？

跟松松同一个小区的小伙伴乐乐不喜欢到商场买玩具，而是喜欢其他小朋友手里的玩具。只要其他小朋友不借给他玩，乐乐得不到自己想要的玩具，就会大声哭闹、发脾气，怎么哄都不管用。乐乐妈妈特别担心乐乐是不是出了什么心理问题，也害怕他这样下去不利于养成良好的社交习惯,影响未来人际关系,该怎么办呢?

(1)乐乐为什么会喜欢别人的玩具呢?

第一,爸爸妈妈过于娇纵孩子,只要孩子一哭闹,便会满足孩子的愿望,久而久之,孩子揣摸透了大人的心理,便会通过哭闹来要挟大人,以满足自己的要求。

第二,孩子在情绪激烈时,无法用完整的语言来表达自己的想法,在他面对最亲近的爸爸妈妈时,就会用哭闹的方式给爸爸妈妈"我现在非常不高兴"的信号。

(2)当孩子出现非要别人的东西时,爸爸妈妈应该怎么办呢?

第一,制止行为。爸爸妈妈要及时制止孩子在得不到想要的玩具时,抢夺玩具的行为,并拉着孩子的双手,看着孩子的眼睛,告诉孩子:"宝宝,我知道你得不到玩具,有点不开心,你可以哭一会儿,发泄你的情绪,但是不能抢。"

第二,平静情绪。抱着孩子温柔地安抚他,等待他平静下来,然后告诉孩子:"宝宝,妈妈知道你现在有点伤心,但是一直哭是解决不了问题的。"

第三,明确归属权。爸爸妈妈要和善而坚定地告诉孩子:"那是哥哥的玩具,他可以给你玩,也可以不给你玩。如果你想玩,就必须询问哥哥的意见。"引导孩子用语言解决问题,而不是哭闹。

当孩子得不到自己想要的玩具就哭闹时,孩子最需要的是爸爸妈妈的引导和安抚,而不是放纵和批评。

需要注意的是:爸爸妈妈可以在和孩子的亲子游戏中,让孩子明确归属权,让孩子逐渐分清"你的"和"我的"。在对待宝宝哭闹的问题上,家庭成员要提前商量,达成一致,然后根据每个人的特点来适当分工。爸爸妈妈要陪伴和帮助孩子,适时给予孩子鼓励和表扬,这样孩子才能更快、更好地学会控制情绪。

3. 宝宝只想玩其他孩子的玩具,不想分享自己的玩具怎么办?

你觉得宝宝是一个爱分享的孩子吗?

A. 是
B. 不是
C. 不能确定

你的选择是:_____

同样跟松松和乐乐一起玩耍的天天也只想玩别人的玩具,不想分享自己的玩具,天天妈妈怎么教都不管用,尤其是松松、乐乐和天天碰到一起的时候总是因为抢玩具打架,让妈妈们感觉很尴尬。天天妈妈总是劝说天天分享自己的玩具,有时候怕他没听清,多说几次,他不仅又哭又闹,甚至会伤害对方。天天妈妈真的特别担心天天是不是养成了自私的性格,该怎么办呢?

(1)当孩子只想玩其他孩子的玩具,不想分享自己的玩具时,你和家人通常会怎么做呢?

A. 允许孩子不分享玩具,现在还小,大了就懂得分享了
B. 拉着孩子,强制把玩具分享给其他小朋友
C. 引诱孩子,比如告诉孩子,只要你把玩具分享给小朋友,妈妈就带你去吃好吃的

选A,一味骄纵孩子,不利于孩子形成健康的人格,长期下去,就会变得以自我为中心,不利于孩子未来的人际交往。

选B,强迫孩子会让孩子感到害怕和不尊重,破坏了他对玩具的"所有权",会让他更加抵触分享。

选C,当家长无法满足孩子时,孩子不愿分享玩具的现象会再次出现。

(2)孩子为什么会不愿意分享自己的玩具呢?

第一,孩子在1岁以后逐渐建立了物权意识。他虽然能分出"我"和"他人"的关系,但是还分不清"你的"和"我的"之间的界限。在孩子心里,只要喜欢的东西,就是他的,他就可以去拿、去玩。

第二,孩子特别喜欢这个玩具、跟对方不熟悉、不确定玩具是否能拿回来以及其他因素,都会导致孩子不愿意分享玩具,甚至害怕分享玩具。

第三,孩子在3岁之前存在"泛灵化",就是把人的属性赋予非人类实体的现象,他会把玩具当作是有生命的,是他的好朋友,当不熟悉的人来拿玩具时,孩子就会保护玩具,不让其他人拿走。

（3）当孩子出现不愿意分享自己玩具的时候，爸爸妈妈应该怎么做呢？

第一，征求孩子的意见，不强迫孩子分享。在对方想玩孩子玩具时，爸爸妈妈可以温柔地询问孩子："宝宝，小朋友想玩你的玩具，你想和他一起玩吗？如果不想的话，你也不能玩他的玩具。"爸爸妈妈要平静地等待孩子的决定，并尊重孩子的决定。

第二，合理拒绝，教孩子拒绝的礼仪。爸爸妈妈引导孩子用语言跟对方讲述理由，而不是哭闹或者直接说"不"。比如，"对不起，我现在还想玩，我不能把它给你。"

第三，礼貌借物，尊重对方选择。爸爸妈妈在孩子想玩对方的玩具时，温柔地告诉孩子："宝宝，那是小朋友的玩具，如果你想玩，可以问问小朋友愿意借你或者和你交换吗？如果他不愿意的话，我们也要尊重他的想法。"爸爸妈妈引导孩子用语言借物，并尊重对方选择。

当孩子只想玩其他孩子的玩具，不想分享自己的玩具时，让孩子了解，自己不愿意时，可以礼貌地拒绝对方的请求，同时对方也有不愿意和拒绝的权利，从而解决分享中的问题。

需要注意的是，爸爸妈妈可以在和孩子的亲子游戏中，让孩子体会到分享的喜悦，逐渐培养孩子的分享意识。爸爸妈妈可以和孩子一起把愿意分享的和不愿意分享的分类，利用孩子愿意分享的，让孩子逐渐学会分享。爸爸妈妈要耐心地陪伴和帮助孩子，并适时给予孩子鼓励和表扬，这样孩子才能更快、更好地学会分享。

小练习：

1. 你有帮助宝宝整理玩具的方法吗？

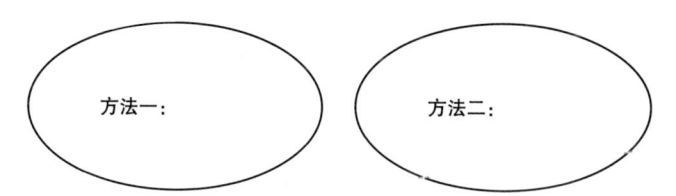

方法一：

方法二：

2. 你打算做些什么帮助宝宝理解分享呢？

爸爸妈妈打算做什么

爸爸妈妈如何跟宝宝沟通

宝宝的反馈情况

第三节　宝宝分心不专注该怎么办

> **来热身啦**

你认为宝宝是一个爱分心的孩子吗?

　　A. 是
　　B. 不是
　　C. 不能确定

你的选择是：_____

关于宝宝分心，你最想了解哪些问题?
- 1. 宝宝玩耍时总是三心二意，怎样才能提升专注力呢?
- 2. 宝宝总是坐不住，玩一会儿就放弃怎么办?
- 3. 宝宝吃饭不专心，长不高怎么办?

1. 宝宝玩耍时总是三心二意，怎样才能提升专注力呢？

1岁多的叮叮在家里拥有数十种各式各样的玩具，妈妈还专门给他准备了玩耍的空间。可是叮叮妈妈发现，不管玩什么玩具，叮叮都是玩两分钟就抛之脑后了，显得特别没有耐性。叮叮妈妈很担心，宝宝的这种表现，是不是缺乏专注力呀？怎样做才能提升宝宝的专注力呢？

（1）宝宝为什么会缺乏专注力？

一方面，是因为在宝宝玩耍的过程中，家人不断地打扰所导致的。比如，爸爸妈妈会随口问"宝宝在干什么呢？"或者干涉宝宝玩耍"宝宝你看，像妈妈这样玩！"爸爸妈妈无意中的聊天或是干涉，会使宝宝本就短暂的专注状态被轻易打破。

另一方面，家人对宝宝"专注力"的期望值过高，宝宝的压力过大。2岁以内的宝宝，保持专注的平均时长是7分钟左右，如果爸爸妈妈以成人的眼光来衡量宝宝专注的程度，不仅会给宝宝带来很大的压力，而且会让自己产生不必要的焦虑。

（2）爸爸妈妈怎样做才能提升宝宝的专注力呢？

第一，给宝宝选择的权利，让宝宝自己做主。宝宝愿意投入专注力的玩具，一定是他感兴趣的玩具。给宝宝选择的权利，可以让宝宝自己来决定他玩什么、怎么玩，由于是自己的兴趣之选，他会投入更多的精力，也更容易专注。

第二，不打扰宝宝的专注玩耍，尊重个体的差异。当宝宝正在玩耍时，爸爸妈妈保持观察的状态，不打扰、不评判，保护宝宝现有的专注状态。尊重不同宝宝的专注力差异，每个宝宝的专注时长和表现是不同的，爸爸妈妈通过观察可以加深对自己宝宝的了解。

2. 宝宝总是坐不住，玩一会儿就放弃怎么办？

当宝宝出现坐不住，玩一会儿就放弃的情况时，你和家人通常是怎么做的？

A. 责备孩子，命令他再玩一会儿
B. 哄骗孩子，再玩一会儿就给吃糖
C. 什么都不做，随便吧

你的选择是：_____

豆豆快3岁了，自己玩什么玩具都坐不住，玩一会儿就放弃了。一会儿玩一玩这个，一会儿玩一玩那个，马上就要上幼儿园了，豆豆妈妈特别担心孩子的专注力不够，以后什么也学不好，这可怎么办呢？愁坏了豆豆妈妈。

（1）快3岁的豆豆为什么会出现这种玩一会儿就放弃的现象呢？
原因一：根据孩子的年龄特点来看，2~3岁的孩子好奇心很强，对事物的变化非常感兴趣。因而孩子会表现出玩一会儿玩具就去玩别的玩具或是把玩具混在一起玩的现象。

原因二：从孩子坐不住，玩一会儿就放弃的现象来看，孩子对自己的玩具并不感兴趣。

（2）爸爸妈妈怎样做才能让豆豆觉得这个玩具很有趣，从而让她玩得更专注呢？

第一，爸爸妈妈要根据孩子的兴趣，给孩子提供玩具。每次提供的数量和种类不要太多，1~2种即可，根据孩子的兴趣定期更换玩具，让孩子在兴趣中发展专注力。

第二，根据孩子的兴趣爱好提供玩具。孩子很喜欢车，爸爸妈妈可以为孩子多提供一些有关车的玩具和书籍，让孩子更好地了解和探索自己喜欢的事物。

第三，陪伴孩子一起玩。爸爸妈妈陪伴孩子一起玩，可以适当加上一些情景。在情景中引发孩子多思考、多发挥语言表达能力。"你觉得这个车能做些什么呢？怎样可以开得更快呀"等。

第四，恰当时机抽离出来。当看到孩子玩得很投入的时候，爸爸妈妈可以先退到一旁观察。同时，时不时回答一两个问题，其余时间让孩子自己玩耍。

当孩子"坐不住，玩一会儿就放弃"时，孩子最需要的是引导和陪伴，而不是放任孩子自己想怎么玩就怎么玩。

需要注意的是，当爸爸妈妈把孩子的玩具收起来后，孩子很可能会想玩被收起来的玩具。爸爸妈妈在更换玩具时，可以根据孩子提出想要的玩具种类更换。在孩子玩得很专注的时候，爸爸妈妈要避免外界的干扰，一会儿让孩子喝水、一会儿提醒孩子上厕所等这些都会影响孩子的专注力。发展孩子的良好的专注力需要一个过程，不是一次两次就能见效，需要爸爸妈妈的观察和陪伴，发现孩子的兴趣点，从而在兴趣中不断地发展专注力。

3. 宝宝吃饭不专心，长不高怎么办？

你的宝宝有吃饭不专心的情况吗？

A. 有
B. 没有

你的选择是：_____

最近一一吃饭总是不专心，吃着吃着就要爬去玩玩具，要不就拿着餐具东敲西敲，要不就跟家人逗乐，常常是吃一口玩一会儿，一一奶奶很担心他这么吃饭会影响肠胃健康，也害怕这样下去养成不好的就餐习惯会影响身体发育，该怎么办呢？

当孩子吃饭不专心时，你和家人通常会怎么做呢？一一爸爸认为，孩子不专心吃饭肯定是因为不饿，等他饿了再喂就好了。一一妈妈对他说："玩什么玩，你再不好好吃饭，我就把玩具扔掉，看你还怎么玩。"一一奶奶很心疼孙子，允许孩子边吃边玩，只要他把饭都吃完了就行。

要知道，像一一爸爸这样处理，宝宝饮食如果没规律，不仅影响孩子的身体发育，也难以帮助他养成健康的生活方式。一一妈妈的责备、恐吓会让孩子感到害怕、不被尊重，甚至让孩子承担较大的心理压力，影响孩子对进食的兴趣。而一一奶奶一味顺从孩子，会让他不专心吃饭的情况愈演愈烈，长时间如此，难以养成良好的进餐习惯。

（1）宝宝吃饭不专心的原因是什么？

从喂养方面来说，孩子吃饭不专心可能是因为爸爸妈妈提供的食材种类和数量不够丰富，不能激起他进食的欲望。还有可能是由于两餐间隔的时间太短或前一餐食材热量太高，孩子还没有产生饥饿感，所以无意进食。

从环境方面来说，嘈杂的环境、家庭成员不良的就餐习惯以及其他因素的干扰，比如，吃饭时开着电视、家人聊天逗趣等都会影响孩子进食的专注度。

（2）想让宝宝专心吃饭，爸爸妈妈应该怎么做呢？

第一，创造安静的环境。爸爸妈妈可以在进餐前关闭电视、音响、玩具等会发出声响的家用物品，减少分散孩子注意力的因素，让孩子能在安静的环境中专注就餐。

第二，创造专属的空间。用餐时，可以给孩子使用儿童餐椅，作为他就餐的专属空间，这也是在给他一个暗示：现在是吃饭时间，需要专心吃饭。

第三，创造良好的氛围。爸爸妈妈可以跟孩子一起用餐，并亲身示范如何专注用餐及就餐礼仪，这不仅利于孩子来效仿，也是在为他创建轻松、愉快的家庭聚餐氛围。

通过多方面的调整，为孩子营造良好的就餐环境，使他能把注意力集中在进食上，从而达到专心吃饭的目的。当孩子吃饭不专心时，孩子最需要的是爸爸妈妈的理解和帮助，而不是呵斥和纵容。

值得注意的是，在使用这个方法前，所有家庭成员先进行沟通，确定好家庭就餐的规则，共同来遵守，以避免给孩子造成困扰。当孩子坐在儿童餐椅上时，爸爸妈妈需要陪同以确保他的安全。爸爸妈妈请不要着急，耐心陪伴孩子并给予他恰当的示范和适时的帮助，孩子一定可以养成专心吃饭的好习惯。

小练习：

1. 你有没有提升孩子专注力的方法？

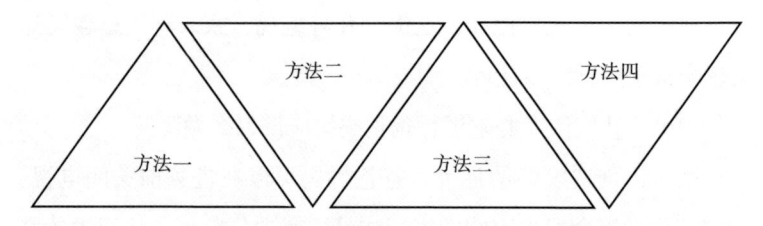

方法一　方法二　方法三　方法四

2. 请爸爸妈妈跟宝宝一起制作关于专注做事的沟通表，让它成为宝宝珍贵的成长记录。

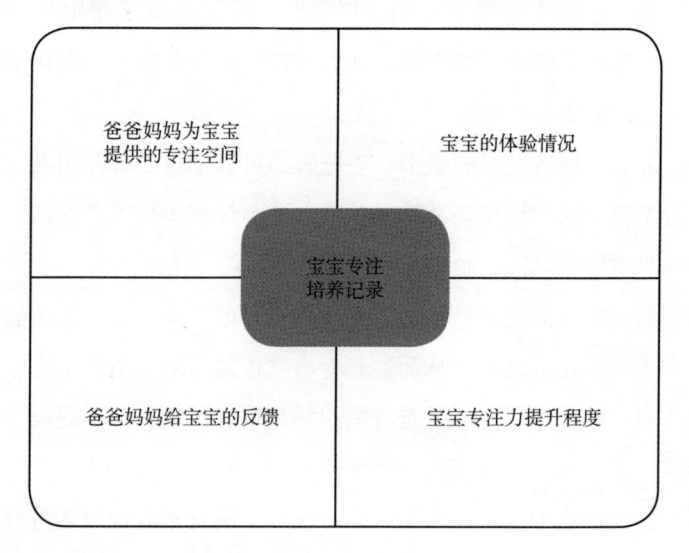

爸爸妈妈为宝宝提供的专注空间	宝宝的体验情况
爸爸妈妈给宝宝的反馈	宝宝专注力提升程度

（中心：宝宝专注培养记录）

第四节　提升亲子旅行质量，花钱不如花时间

来热身啦

你认为宝宝是一个爱旅行的孩子吗？

  A. 是
  B. 不是
  C. 不能确定，没怎么出去过

你的选择是：_____

关于如何提升亲子旅行质量，你最想了解哪些问题？
- 1. 开车出远门，宝宝就是不肯坐安全座椅怎么办？
- 2. 旅行住酒店，宝宝却胆小害怕不敢睡怎么办？
- 3. 爸爸妈妈怎么做才能提升旅行质量呢？

1. 开车出远门，宝宝就是不肯坐安全座椅怎么办？

梦梦妈妈很兴奋，因为梦梦出生后的第一次全家旅行就要到了，为了这次出行，梦梦妈妈做了很多准备，还特意为梦梦买了一款高品质安全座椅。到货之后就跟梦梦爸爸迫不及待地安装到了爱车上，并且兴奋地抱着梦梦去试坐，结果梦梦怎么也不愿意坐在上面，怎么才能让她更好地接受坐安全座椅这件事呢？

全家商量之后，奶奶觉得，孩子哭闹得太厉害，那就不坐了吧，抱着也行。爸爸觉得，任凭孩子如何哭闹也要让她坐，必须坚持安全原则。爷爷建议，用好吃好玩的吸引孩子留在安全座椅上。妈妈觉得这些方法都不好，非常苦恼。奶奶说不坐安全座椅，孩子处于极大的风险中，一旦意外发生，后果不堪设想。爸爸是出于好意而为，但这样的方式确实有强迫之嫌，会使孩子产生无助感。爷爷建议的方法短时间内可能有效，长远来看，吸引物不再能吸引孩子后，她依然会抵触坐安全座椅，因为她没有从内心接受坐安全座椅这个规则。

（1）孩子不坐安全座椅的原因是什么呢？

第一，安全座椅限制了孩子的活动，他没有办法完全按照自己的意志去控制身体，这种被束缚的不良感受会使他抗拒坐安全座椅。

第二，安全座椅的设计本身或不当的使用方法让孩子产生了不适感，比如靠背的高低和倾斜的角度不适合孩子的身体情况。如果孩子坐着难受，他必然会拒绝使用。

（2）怎么做才能让孩子接受坐安全座椅呢？

第一，把安全座椅先放在家里孩子的游乐区域内，通过有趣的方式使孩子熟悉、使用它，最终达到将它视为日常生活必备物品的目的。

第二，作为礼物。爸爸妈妈在收到安全座椅后，可以将它作为一个礼物送给孩子并说明它的用途，然后和孩子一起拆包装、组装零部件，并把它放在孩子的游乐区域内，让孩子能有机会使用它。

第三，作为玩具。爸爸妈妈可以利用安全座椅为孩子创设游戏并和孩子一起玩耍，也可以让孩子自主地使用它。比如，爸爸妈妈可以把安全座椅当作驾驶员座位、公主宝座等某一场景物品，和孩子一同玩主题游戏，孩子会非常愿意参与。如此一来，从一开始孩子得到的与安全座椅的经历就是愉快的。

第四，作为安全座椅。当孩子已经熟悉安全座椅后，爸爸妈妈就可以把安全座椅安装在车上，并找一个合适的外出契机正式启用它。

当孩子不愿坐安全座椅时，孩子最需要的是理解和引导，而不是强迫和放任。

值得注意的是，将安全座椅放在家中时，爸爸妈妈需要注意放置的地点并陪同孩子使用，以确保孩子的安全。比如靠墙放，安全座椅更不易倾倒。当孩子刚开始在车上使用安全座椅时，建议一位家人在后排陪伴他，开车途中可以给他讲故事、唱歌等，如果他有需求或情绪，这样能更快观察到并提供相应支持。爸爸妈妈请不要着急,给孩子一段过渡期,随着出行时间逐渐增加,相信孩子能更好地接受和适应新的乘车方式。

2. 旅行住酒店,宝宝却胆小害怕不敢睡怎么办?

当宝宝住酒店不敢睡觉,你和家人通常怎么做?

A. 引诱孩子,只要你好好睡觉,明天就带你去吃好吃的
B. 批评孩子:"哪来的臭毛病,别哭了,快睡觉"
C. 爸爸妈妈去睡觉,就让孩子自己在那儿哭

你的选择是:_____

最近梦梦一家终于出门旅行了,白天梦梦可高兴、可兴奋了,自己都能玩好久,可一到晚上,就什么都变了,开始又哭又闹,怎么哄都不肯好好睡觉,梦梦究竟怎么了?该怎么办?

(1)宝宝为什么会出现晚上哭闹不睡觉的情况呢?

孩子对周围环境较敏感,尤其是晚上不再有新鲜事物吸引孩子时,孩子会对环境特别敏感,周围的温度、湿度、环境布置等不同,会让孩子没有安全感,就会特别紧张,此时孩子无法用言语表达自己的心情,所以会用哭闹向爸爸妈妈传达"自己害怕"的信号。

（2）当宝宝出现在陌生环境中哭闹不睡觉的情况，应该怎么做呢？

第一，爸爸妈妈提前跟孩子商量外出住的地方，给孩子心理准备，并在孩子情绪不佳时，及时安抚孩子，给孩子安全感，从而达到让孩子在新环境里能睡觉的目的。

第二，提前告知。爸爸妈妈蹲下来，看着孩子的眼睛，告诉孩子："宝宝，爸爸妈妈要带你出去玩，接下来几天我们会在新的地方，你想要住什么样的地方呢，我们可以一起来选选。"

第三，肢体安慰。爸爸妈妈在孩子哭闹时，轻拍孩子后背，温柔地对孩子说："宝宝，我知道你来到新的环境有点害怕，不过你不用担心，爸爸妈妈会一直陪着你的。"

第四，述说感受。爸爸妈妈在孩子心情平静下来后，告诉孩子："宝宝，爸爸妈妈知道你在新的环境有点害怕，我们一直陪着你，但我们白天陪你玩真的特别累，现在我们特别困，我们可以早点睡吗？"

当孩子出去旅行住酒店，胆小害怕不敢睡时，孩子最需要的是耐心地引导和陪伴，而不是批评和娇纵。

需要注意的是，爸爸妈妈可以在带孩子出门时，带上能给孩子安全感的物品，比如安抚奶嘴、孩子的小浴巾等。在陌生环境入睡可能会睡不安稳，此时爸爸妈妈需要及时安抚孩子的情绪。爸爸妈妈需要给孩子一些时间，在孩子哭闹时耐心地安抚和陪伴，这样孩子才能更快更好地在新环境里入睡。

3. 爸爸妈妈怎么做才能提升旅行质量呢？

当你带宝宝去旅行时，打算做哪些准备？

_____

_____

_____

年假期间，爸爸妈妈带着2岁多的杉杉去旅行，原本设想得很完美，但都被现实一一击垮。花好几百块钱买的大马戏演出票，杉杉进去没两分钟就哭着喊着要出来；在野生动物园里近距离给长颈鹿喂树叶时，杉杉却低着头找寻刚才不小心掉在地上的饼干渣，念叨了一路；到了大名鼎鼎的迪士尼门口，爸爸妈妈心想："这回肯定能吸引住杉杉了吧！"没想到，杉杉在迪士尼门口的草坪上整整玩了一小时小草，压根就不进门。杉杉的爸爸妈妈觉得很无奈，为什么带宝宝的旅行总是跟我们的设想不一样呢？怎么做才能提升亲子旅行的质量呢？

（1）带宝宝的旅行跟爸爸妈妈的设想有什么不一样呢？

宝宝对旅行的期待：第一是有爸爸妈妈的全身心陪伴，第二是在旅行中有好玩儿的东西。在旅行中，爸爸妈妈既不上班，又很少甚至不刷手机、看电脑，可以全天候、全身心地陪伴宝宝，这让宝宝特别期待。如果能够在旅行中遇到一些有吸引力的新鲜事物，比如柔软舒适的大草坪、草丛中的小蜗牛等，那就是意外的惊喜了。

爸爸妈妈对旅行的期待：第一是希望宝宝长见识，第二是希望能够增进亲子感情。在旅行中，爸爸妈妈通常安排了许多景点和节目，期望能够在短时间内扩大宝宝的视野，让宝宝体会更丰富多彩的世界。在旅行过程中，平时出席不多的爸爸也担起了重任。宝宝开心，妈妈放心，全家人都收获了其乐融融的家庭时光。

（2）爸爸妈妈怎么做才能提升亲子旅行质量？

第一，尊重宝宝的节奏。痴迷旅行的作家陈丹燕曾说："旅行真正的败笔，不是遇到意外，而是乏味。"成人如此，宝宝亦然。难得一见的长颈鹿、精彩绝伦的大马戏是大千世界里值得惊叹的存在，但不慎遗失的心爱之物、偶然发现的新玩意儿、新学会的一项技能，也是宝宝眼中的奇妙世界。放慢脚步，尊重宝宝的节奏，可以让宝宝有机会发现更神奇的世界，有更充足的成长空间。

第二，尊重旅行的意义。当爸爸妈妈急于带宝宝奔向下一个景点的时候，不妨问问自己：带宝宝去旅行，我们的初心是什么？是为了赚回花掉的门票钱吗？是为了不浪费难得的假期吗？一定都不是，其实爸爸妈妈可以做的事情有很多：陪宝宝触摸地上奇形怪状的小石子、踩踩大树底下铺满的落叶、观察泥土里拱来拱去的蚯蚓、停留在一个看似无聊的地方、错过一场没那么重要的演出、不在乎身边匆匆而过的步伐……愿意带宝宝去旅行的爸爸妈妈，一定愿意更好地陪宝宝成长，尊重旅行原本的意义。

小练习：

1. 你有帮助宝宝适应旅行的方法吗？

_____

_____

_____

2. 你打算做些什么帮助宝宝表达自己的旅行感受呢？

_____

_____

_____

爸爸妈妈鼓励宝宝表达旅行感受记录表

爸爸妈妈打算做什么	爸爸妈妈如何跟宝宝沟通	宝宝的反馈情况

第五章
规则界限篇

用语言、事物表扬，用警告、训斥、惩罚及对特殊的个别的过错采用体罚，以有教益的惩罚制度，即"持以坦白的态度，出以诚恳的目的"，使儿童理解这样做是对他有好处的，正如吃苦药治病一样。

——夸美纽斯

本章主要介绍了如何给宝宝建立规则，和善与坚定并行。一味和善失去规则，一味坚定失去尊重，应该如何平衡呢？本章从培养宝宝的规则意识、不守规则的处理方式等方面总结出包括如何愉快用餐、如何有节制地使用电子产品等高频痛点问题，帮助父母进行分析与总结，希望你能借由它们，坚定规则、和善关爱。

第一节　规则意识是一场生命教育

> **来热身啦**

你认为宝宝有规则意识吗？

　　A. 有
　　B. 没有
　　C. 不能确定

你的选择是：_____

关于宝宝的规则意识，你最想了解哪些问题？
• 1. 宝宝会移动了，如何才能给宝宝布置一个放心又合适的玩耍环境呢？
• 2. 宝宝摔倒了，爸爸妈妈怎么做才能让宝宝既坚强又安心呢？
• 3. 宝宝总想摸插座，怎么才能彻底禁止这种危险行为呢？

1. 宝宝会移动了，如何才能给宝宝布置一个放心又合适的玩耍环境呢？

6个月之后，宝宝就开始不断地以各种方式进行空间位移。以往躺在床上不能移动的小宝宝，现在会以翻身、挪动、试坐、匍匐前进等方式移动自己的身体。爸爸妈妈欣喜于宝宝迅速成长的同时，也发现了亟待解决的问题：以前给宝宝一张干净整洁的床就基本能解决吃喝玩乐的问题。现在不一样了，床上没东西，担心宝宝太无聊，还有可能会掉下去；床上有大一点儿的东西，担心宝宝翻身压到而不舒服；床上有小东西，担心宝宝会吞下……给宝宝重新布置一个安全合适的环境，成为爸爸妈妈不得不解决的问题。

（1）宝宝需要什么样的环境呢？

从身体上来看，宝宝需要100%安全的环境。那什么是100%安全的环境呢？最重要的原则就是：宝宝在这个环境中玩耍的时候，成人不用担心他的安全问题。

从认知上来看，宝宝需要有些许挑战的环境。在认知上具备挑战性的环境，是一个可以给宝宝提供适合他发展阶段的玩具和设施并为其创造探索和学习机会的环境。

从情感上来看，宝宝需要有利于情感培养的环境。一个可以让宝宝放松和信任的环境将帮助宝宝获得更多的安全感。

（2）爸爸妈妈怎样给宝宝准备这样的环境呢？

美国婴幼儿教育资源中心（RIE）的创始人玛格达·格伯

说:"不同于大多数人的认识,一个有区隔的安全房间,能让宝宝在安全、熟悉的环境中行动和自由探索。"

要想准备一个100%安全的环境,爸爸妈妈可以在地毯上裹一层纯棉布单,成人和宝宝进入时都不穿鞋,以确保该区域的安全和整洁。爸爸妈妈最好将地毯置于有边界而不是开放的空间内,这样会给宝宝一定的安全感。

要想准备一个在认知上具备挑战性的环境,爸爸妈妈可以根据宝宝的月龄发展,选择与其相适应并具挑战性的物品,以满足宝宝的探索欲望和自信心的发展。比如玩具球对于正在学习爬行的宝宝来说刚好合适,但对于还不会爬行的宝宝来说,玩具球已经远远超过了他的能力范围,并不适合放置在给他准备的环境中。

要想准备一个能够提供情感支持的环境,爸爸妈妈需给予宝宝"随时"的关注。当他在玩耍时,虽然爸爸妈妈并不一定总和他一起玩,但是应该让宝宝知道,当他需要爸爸妈妈的时候,爸爸妈妈随时能够提供情感上的支持。这样,他就可以放心地尽情享受独立玩耍和探索的乐趣了。

2. 宝宝摔倒了,爸爸妈妈怎么做才能让宝宝既坚强又安心呢?

当宝宝摔倒了,你和家人通常是怎么做的?

A. 让宝宝自己站起来,并指责她走路不小心
B. 立刻抱起来哄,拍打地面说都怪它让宝宝摔倒了

C. 不管他，转身走开

你的选择是：_____

明明妈妈最近可累坏了，因为明明正处于学走路的关键时期，每天明明妈妈都弯着腰跟在跌跌撞撞的明明身后。即使这样，明明还时不时摔倒在地。每当这时，妈妈就很纠结，到底要不要扶宝宝起来呢？如果赶紧扶宝宝起来，安慰他不要哭，会不会使得宝宝不够坚强？如果不扶他起来，宝宝会不会觉得妈妈不够爱他？

（1）宝宝摔倒后，爸爸妈妈采取不同的处理态度会对宝宝产生什么样的不同影响呢？

第一种，爸爸妈妈被吓了一跳，赶紧扶起宝宝。家人的过度惊慌会让宝宝觉得"发生了很严重的事情"或者"摔倒是件很可怕的事情"。很多时候宝宝摔倒了会哭，未必是因为疼痛，更多是因为看到了家长过度紧张的反应，被这种焦虑的情绪感染，所以释放出了自己的情绪。

第二种，爸爸妈妈安慰宝宝："不疼不疼，宝宝不哭。"对于宝宝来说，有时可能摔得确实很疼，爸爸妈妈这样说，宝宝会觉得爸爸妈妈不理解、不接纳自己的感受，反而哭得更厉害。

第三种，爸爸妈妈为了让宝宝变得坚强，哪怕看到宝宝求助的目光，也坚决不扶。其实，宝宝在遇到挫折的时候，最需要的就是家人的理解和接纳，宝宝要先有安全感，才有能力让自己更勇敢，心里被爱充满着，不空心的坚强才更有力量。

（2）爸爸妈妈应该怎么做才能让宝宝既坚强又安心呢？

第一，观察宝宝的状态。"扶"还是"不扶"，取决于宝宝当时的状态。如果宝宝不哭不闹，或经家长稍稍鼓励一下，宝宝就能自己爬起来，爸爸妈妈就可以不扶；如果宝宝发出了明显的求助信号，爸爸妈妈就可以把宝宝扶起来，这样利于宝宝建立安全感，增强他对爸爸妈妈的信任。

第二，放松心态，调整情绪。爸爸妈妈的情绪会影响到宝宝对"摔倒"这件事情的认知。如果爸爸妈妈很紧张，宝宝也易产生紧张的情绪。如果爸爸妈妈的态度是"摔倒很疼，但是很正常"，宝宝也会接收到这样的信息。

第三，适度共情，适时鼓励。这样宝宝既能感受到爸爸妈妈的关心，也能养成独立、勇敢、自信、坚强的良好品质。对于宝宝的疼痛感，爸爸妈妈可以如此共情："宝宝摔倒了有点儿疼，爸爸妈妈摔倒的时候也会疼，但是很快就会好起来。"若宝宝想自己站起来，爸爸妈妈可以鼓励："爸爸妈妈相信宝宝能够用小手撑着地面，自己站起来。"

3. 宝宝总想摸插座，怎么才能彻底禁止这种危险行为呢？

宝宝有做出过危险的动作吗？

A. 有

B. 没有

你的选择是：_____

自从萱萱会走路，妈妈的担忧与日俱增，家里大大小小的花盆、插座、柜门等，全都成了严重的安全隐患。萱萱尤其喜欢触摸插座上的插孔，这个小动作经常让妈妈惊出一身冷汗。为此，萱萱妈妈对萱萱是劝也劝了，骂也骂了，有时甚至还动两下手，但萱萱依旧爱摸插座。宝宝为什么那么爱摸插座呢？爸爸妈妈怎么做才能彻底禁止这种危险行为呢？

（1）宝宝为什么那么爱摸插座？

从身体发育的角度来看，宝宝的手是他探索世界的重要工具，触摸是他探索世界的最直接方式。意大利教育家蒙台梭利认为：两样东西和人的智慧有着不可分割的联系，那就是舌与手。当一个儿童能自由使用他的手时，手就成了他的智慧工具。

从心理发展的特点来看，随着宝宝自主意识的初步萌发，他对未知事物的好奇心大幅增长，这是宝宝认知世界的原始动力。当宝宝把手指放进插座里时，他觉得这是非常有意思的一种空间探索，能够满足自己的好奇心和探索欲望。

（2）爸爸妈妈怎么做才能彻底禁止宝宝的这种危险行为呢？

第一，理解宝宝的正常探索行为，布置适合宝宝探索的环境。宝宝的探索行为常常令爸爸妈妈很担忧，大部分爸爸妈妈会以命令式的口吻跟宝宝说"不要动""安静下来"等，但是不让宝宝行动就等于不让宝宝思考，这也是爸爸妈妈不愿意看到的。爸爸妈妈可以尽可能地按照宝宝的发展规律来布置家中的环境，比如用保护装置堵上插座、把宝宝可能接触到的电线固定在墙角等位置。

第二，为宝宝设定清晰的界限，并和家人达成一致。全家一致的清晰界限不仅不会限制宝宝的发展，反而会增强宝宝的安全感。在向宝宝传达界限的时候，爸爸妈妈可以尽量只说要做什么，不要说不做什么，比如用"宝宝要离插座远远的"来替代"宝宝不能摸插座"。

给出明确的指令，告诉宝宝应该做什么而不是别做什么，你愿意试试吗？

小练习：

1. 你有没有为宝宝创造安全环境的方法？
_____
_____

2. 请爸爸妈妈跟宝宝一起建立一个安全的、有规则的环境，记录下来，成为宝宝珍贵的成长记录。

安全环境记录表

爸爸妈妈建议做的事	宝宝想做的事	宝宝的反应

第二节 宝宝不遵守规则怎么办

> **来热身啦**

你认为宝宝是一个遵守规则的宝宝吗?

A. 是
B. 不是
C. 不能确定

你的选择是:＿＿＿＿＿＿＿＿

关于宝宝遵守规则,你最想了解哪些问题?
- 1. 宝宝总爱乱扔东西,爸爸妈妈该如何管教?
- 2. 宝宝总是调皮捣蛋,有没有办法可以"制服"这个小家伙?
- 3. 惩罚、批评宝宝真的不好吗?为什么忍不住要用呢?

1. 宝宝总爱乱扔东西，爸爸妈妈该如何管教？

8个月起，糯糯就获得了一项新技能——扔东西，拿到什么扔什么，杯子、毛巾、苹果、小碗、积木……通通遭殃，每天家里都一片狼藉。眼看糯糯快到1岁了，他的这个"本领"也越来越高超。爸爸妈妈又好笑又无奈，这个时期的宝宝，跟他讲道理他听不懂，制止他又不起作用，可任由他扔来扔去不仅会产生噪音扰民，而且行为本身也易诱发危险，该怎么办才好呢？

（1）为什么宝宝喜欢扔东西？

大多数宝宝在8～12个月时开始出现扔东西的行为，这是非常普遍的现象，也是宝宝成长的必经阶段。

从生理层面看，扔东西是脑、骨骼、肌肉、手、眼协作的结果。这个阶段的宝宝，大拇指与四指出现了分化，手部的精细动作能力更强了，并且可以用手指捏取东西了。在此基础上，宝宝开始做出有意识地支配手和手臂的动作，比如扔东西。宝宝为此感到很高兴，因为他从一次又一次扔东西中感受到了自己的力量。

从心理层面看，在扔东西的过程中，宝宝获得了学习机会，满足了自己的好奇心。比如，宝宝可以观察物体的坠落方式，并注意不同物体落地时的声音；宝宝会发现扔东西和听到的声音之间是存在必然联系的，从而学习了因果关系；宝宝从物品的坠落过程中感受到了空间的存在等。

（2）爸爸妈妈怎样做才能既保护了宝宝的求知欲，又可以避免扔东西的不良后果呢？

一方面，对于宝宝纯粹的探索行为，爸爸妈妈可以给宝宝设定明确的界限。给宝宝的界限就像是房子的墙，能够让宝宝有安全感。爸爸妈妈把可以扔的物品（比如球类、毛绒玩具类等）和不能扔的物品（比如会发出声响的物品、易碎的物品等）明确区分开，放在不同的玩具箱里。如果家长比较介意宝宝随意扔东西，也可以给宝宝一个篮子，告诉宝宝可以把东西扔到篮子里，不可以扔到外面。

另一方面，对于宝宝发泄情绪的行为，分析其深层原因。有时，宝宝扔东西并不是单纯在探索，而是想借此发泄自己的挫败或怒气。宝宝不善于处理自己的情绪，所以当他发现这样的行为能让自己感觉好受一些后，在遇到坏情绪时就会再次使用相同的方式。这种情况下，爸爸妈妈就需要细心观察，分析原因，增加高质量陪伴的时间。

2. 宝宝总是调皮捣蛋，有没有办法可以"制服"这个小家伙？

当宝宝调皮捣蛋时，你和家人通常是怎么做的？

A. 严厉批评宝宝，制止他

B. 哄宝宝不捣蛋就给糖吃

C. 放任不管，转身走开

你的选择是：_____

早上起床的时候，灵灵妈妈正在抓紧时间叠被子，眼看快叠好了，灵灵爬了过来，咯咯笑着往被子里一钻，妈妈的"工作"功亏一篑。灵灵妈妈又好气又好笑，这样的情况已经不是第一次发生了。每当妈妈要做家务或者打开电脑准备查找数据时，灵灵就会瞅准时机来捣乱，仿佛这些对她来说都是无比有趣的事情。宝宝为什么总是调皮捣蛋呢？有没有办法可以"制服"这个小家伙呢？

（1）宝宝为什么会调皮捣蛋呢？

一方面，调皮捣蛋是儿童的天性，是他们乐观主义和幸福信念的体现。格鲁吉亚儿童心理学家阿莫纳什维利认为：顽皮是童年的智慧，家长应该理解这种智慧，并促进其发展。

另一方面，调皮捣蛋是宝宝吸引爸爸妈妈注意、获得他人关注的独有方式。宝宝的调皮捣蛋通常发生在爸爸妈妈"忙"的时候，可谓"越忙越添乱"。宝宝此时的调皮捣蛋是因为他没有获得爸爸妈妈足够的关注，又不会使用其他的方法，所以只好通过捣乱来达到目的。

（2）有没有办法可以"制服"调皮的小家伙呢？

第一，理解宝宝的行为，看到宝宝行为背后的情感需求。宝宝调皮捣蛋的背后，是其价值感和归属感的暂时缺位，宝宝觉得妈妈在忙工作、忙家务的时候，"眼里面没有我了""我不重要了""妈妈不爱我了"。

第二，给宝宝一个小任务，让宝宝参与到爸爸妈妈的工作中。妈妈叠被子的时候，可以请宝宝帮忙叠枕巾；妈妈扫地的时候，可以请宝宝帮忙扶着簸箕。适度的参与不仅可以避免宝宝的捣乱，而且能培养宝宝的自信心，提升他的价值感和归属感，让宝宝觉得"我也可以为家庭做贡献啦！"

3. 惩罚、批评宝宝真的不好吗？为什么忍不住要用呢？

你有惩罚或批评过宝宝吗？

A. 有
B. 没有

你的选择是：_____

依依被爸爸称为"女汉子"，因为快3岁的她不仅性格大大咧咧像个男孩子，而且每天爬桌子、登窗台、扔东西、搞破坏。爸爸每次提到依依的淘气，都会无奈地说："她基本上3天就得挨一次打！要不然就是被骂一顿！"爸爸也知道打骂孩子、惩罚孩子并不是最好的方法，但就是忍不住想要用。而且，爸爸说："从小我也是被打大的啊！惩罚、批评孩子应该没那么不好吧？看起来也挺有用的。"惩罚、批评宝宝真的不好吗？爸爸妈妈为什么忍不住想要用呢？

（1）惩罚的背后，是什么在起作用？

对成人而言，惩罚是一场权力斗争，宣告着成人的控制权。在实施惩罚时，爸爸妈妈可能并没有意识到，这实际上是在通过控制宝宝的言行达到控制宝宝思想的目的。"我惩罚了你，说明你要听我的，证明了我能控制你。"

对宝宝而言，宝宝看到的现象是：平时温若春风的爸爸妈妈，忽然变得凶神恶煞，满脸写着失望和愤怒。宝宝充满了不确定和不安，他就容易这么想："我是不是个坏孩子？爸爸妈妈会不会不喜欢我了？""如果我听他们的话，如果我讨好他们，那么我就是个好孩子了吧！"宝宝没有分辨能力，父母说什么，他们就信什么。父母的每一句批评、指责甚至辱骂，都只会一遍遍强化宝宝的缺点和问题，直至宝宝发展成父母言语所指的糟糕样子。

（2）惩罚会给宝宝带来什么？

第一，愤恨。宝宝内心的声音是："这不公平！凭什么我要听你的！""你到底有没有意识到我是个独立的人啊？！"

第二，报复。宝宝内心的声音是："这回就算你赢，但我会扳回来的！"

第三，反叛。宝宝内心的声音是："凭什么听你的？我偏要和你对着干！"

第四，退缩。宝宝内心的声音是："下次绝不让爸爸妈妈抓到。"或者是自卑："我是个坏孩子。"

（3）为什么爸爸妈妈会忍不住用惩罚的方法对待调皮的宝宝呢？

第一，因为惩罚是人被激怒时的原始反应，用宣扬自我强大的方式来征服"敌人"。当动物被激怒时，其大脑就会发出"攻击"的信号。而人类被激怒时，也会回归到动物本能，暂时失去人的理性思维。当爸爸妈妈被宝宝激怒时，潜意识里会产生"孩子挑战了我的权威"的想法，因而用惩罚来彰显自己的强大，用绝对的力量"征服"弱小的宝宝。

第二，因为爸爸妈妈没有体会过惩罚以外的教育方法，"我就是被打大的"。爸爸妈妈接受的教育方法有限，只能以自己的经验教育宝宝。说到底，这源于爸爸妈妈没有更好的办法；如果有，没有人愿意用惩罚这个下下策。

如果能够回到过去，你想对曾经惩罚你的父母说点什么？

小练习：

1. 你的宝宝有没有调皮捣蛋的时候？

2. 你是怎么处理的？

3. 你有跟宝宝一起通过沟通建立规则意识吗？
   A. 有
   B. 没有

宝宝规则意识建立记录表

爸爸妈妈和宝宝共同约定的事	宝宝实际做的事	爸爸妈妈的反馈

第三节　宝宝不吃饭，饿一顿就好了

来热身啦

你认为宝宝是一个吃饭有困难的宝宝吗？

A. 是
B. 不是
C. 不能确定

你的选择是：_____

> 关于宝宝吃饭难，你最想了解哪些问题？
> - 1. 想要打破追着喂饭的恶性循环应该怎么做？
> - 2. 宝宝不爱吃蔬菜，如何让宝宝不挑食？
> - 3. 宝宝想要吃冰激凌，到底能不能给他吃？

1. 想要打破追着喂饭的恶性循环应该怎么做?

每到吃饭时间,波波家里就展开了"喂饭大战"。波波满屋子跑着玩,妈妈满屋子追着喂,逮着机会就塞一口到波波嘴里。万一波波不小心把妈妈手里的碗碰掉了,那"战争"一定会持续升级。一顿饭下来,波波妈妈累得腰都直不起来了。后来,爸爸看不下去了,也加入了"喂饭大军",使出"十八般武艺"吸引波波的注意力,这样妈妈就不用追着喂饭了,只用守在波波身边,趁着波波不注意的间隙,把饭一口一口地喂到波波的嘴巴里。可没过多久,波波就识破了爸爸妈妈的伎俩,一家人又回到了追着喂饭的恶性循环中。为什么让宝宝吃饭就这么难?爸爸妈妈怎么做才能打破追着宝宝喂饭的恶性循环?

(1)爸爸妈妈为什么要追着宝宝喂饭?

一方面,宝宝吃饭的节奏太慢,喜欢一边吃一边玩。在宝宝小的时候,宝宝自己吃饭会弄得到处都是,吃完之后爸爸妈妈不仅要收拾碗筷,还要收拾桌面、地面以及宝宝的衣服,为了避免这些后续的麻烦,爸爸妈妈就采用了喂饭的方式。

另一方面,宝宝自己吃的量比较少或有些挑食,爸爸妈妈担心宝宝没吃饱或者营养不均衡,所以通过喂饭来避免发生上述情况。

(2)爸爸妈妈怎么做才能打破追着宝宝喂饭的恶性循环呢?

第一,根据宝宝的发育规律,设置固定的用餐时间和地点。3岁以内的宝宝,胃口比成人小得多,通常比较适合少量多餐的饮食方式，比如三顿正餐，两顿加餐，且每餐的量都不大。爸爸妈妈可以根据宝宝的发育规律，把每天的用餐时间和地点固定下来，把吃饭的主动权交给宝宝，让宝宝有机会学习怎么吃，体会饥与饱的感觉。

第二，允许宝宝体会自然后果，温和而坚定地陪伴宝宝。如果宝宝没吃多少就不吃了，爸爸妈妈要尊重宝宝的决定，并且让宝宝明白：吃饭是他自己的事情，现在不想吃饭是可以的；下一次吃饭在什么时候，这期间他可能会饿、会有一些难受，爸爸妈妈可以陪着他玩耍，但是只能等到下一次吃饭的时候再进餐。宝宝体会过不吃饭的自然后果，会明白"吃饭是自己的事情"这个道理，从而学会为自己负责。

2. 宝宝不爱吃蔬菜，如何让宝宝不挑食？

当宝宝不吃蔬菜，你和家人通常是怎么做的？

A. 责备孩子，命令他必须吃
B. 哄骗孩子，吃一口蔬菜就给喝果汁
C. 什么都不做，随便吧，长大就吃了

你的选择是：_____

妞妞妈妈做饭的手艺很棒，爸爸和爷爷奶奶都赞不绝口，唯有妞妞不给面子。无论妈妈用什么方式烹饪蔬菜，妞妞都坚定地拒绝吃蔬菜。食物中哪怕只有一丁点儿的蔬菜碎叶，都会被妞妞精准地挑出来。万一蔬菜被鱼目混珠地喂进了妞妞的嘴巴里，她也一定会用小舌头顶出来。这令妞妞妈妈很有挫败感，为什么宝宝不爱吃蔬菜？即使告诉宝宝100遍"蔬菜有营养"，也一点儿都不管用！爸爸妈妈怎么做才能培养一个不挑食的宝宝呢？

（1）为什么宝宝不爱吃蔬菜？

其实原因非常简单，蔬菜的口感不好。调味料很难进入蔬菜的纤维中，口感难以满足宝宝挑剔的味蕾，而且嚼蔬菜对宝宝来说是有点儿困难的，咽下嚼不烂的蔬菜时，宝宝的食道会不舒服。由此可见，蔬菜在入口、咀嚼、下咽等各个环节都带给宝宝不佳的体验感，所以宝宝不爱吃蔬菜。

（2）爸爸妈妈怎么做才能让宝宝爱上吃蔬菜呢？

第一，认可宝宝的感受。当我们告诉宝宝"蔬菜很好吃"的时候，宝宝肯定认为爸爸妈妈在欺骗他，明明这么难以下咽的东西，怎么会好吃呢？爸爸妈妈不妨换一种思路，认可宝宝的感受："我猜猜看，你不喜欢吃蔬菜，是因为它们嚼起来咯吱咯吱，很难嚼吧？"当宝宝发现爸爸妈妈和他在同一个队伍里时，他才能听得进爸爸妈妈的话语。

第二，引导宝宝关注具体的进步。宝宝对"蔬菜有营养"这种道理完全没有反应，是因为他觉得"这跟我没关系"。爸爸妈妈不妨把"蔬菜有营养"具体化，让"营养看得见"。比如，可以跟宝宝说："宝贝，吃蔬菜会帮助你长高，你就能像大人一样摸到楼梯的扶手了！"这样，"吃蔬菜"与宝宝的需求"长高"及宝宝的期盼"摸到楼梯的扶手"就产生了因果关系，宝宝更易接受。

第三，变换蔬菜的烹饪方式，创造良好的进食氛围。爸爸妈妈可以发挥创意，变换蔬菜在不同佳肴中的模样，改变宝宝对蔬菜的"成见"。在全家人一起进餐的时候，爸爸妈妈可以用小游戏的方式，把蔬菜当作"奖励"发给宝宝，改善宝宝对蔬菜的认识。

3. 宝宝想要吃冰激凌，到底能不能给他吃？

你的宝宝有特别想吃的东西是你认为不健康的食物吗？

A. 有
B. 没有

你的选择是：_____

一到夏天酷暑时期，丢丢爸爸就会买来一箱冰激凌，储存在冰箱的冷冻柜里，时不时拿出一根来解暑解馋。逛公园的时候，丢丢的爸爸妈妈也会买冰激凌来降温。去年夏天，她从来没有向爸爸妈妈要过冰激凌吃，所以爸爸妈妈也从来没觉得这是个问题。没想到，今年爸爸第一次吃冰激凌，就被丢丢碰了个正着："爸爸，我也要吃冰激凌！"爸爸说："这个不好吃，是苦的。"丢丢毫不气馁："没关系的！我试试看！"丢丢爸爸完全被丢丢击败，只好投降。宝宝想吃冰激凌，那到底能不能给他吃呢？如果不给他吃，他肯定会哭闹；如果给他吃，吃坏肚子就麻烦了。

（1）宝宝到底能不能吃冰激凌？

1岁以内的宝宝绝对不能吃。1岁以内的宝宝肠胃发育还不完善，绝对不能吃寒凉、高糖的食物。这点，相信宝妈们一定可以严格做到。

1~3岁的宝宝尽量少吃。1~3岁的宝宝肠道系统发育依然不够完善，吃太多冰激凌，可能会引发腹泻或不适，所以要尽量不吃或少吃。

3岁以上的宝宝适量吃。3岁以上的宝宝肠胃发育情况基本接近成人，可以适量吃，且最好是在炎热的夏季，身处艳阳高照的室外时吃。

（2）爸爸妈妈如何做，才能让宝宝既享受美味又远离疾病？

其实除了冰激凌，生活中还有很多类似的"有点儿小危害，但享受起来有点儿爽，好久没做还挺期待"的事情，比如，吃火锅、玩手机、吃蛋糕、看电视、喝饮料等，不仅宝宝如此，爸爸妈妈也会面临同样的纠结。对于这类事情，爸爸妈妈如果期望宝宝能够实现"自我约束"，需要花一点儿心思。

第一，不希望宝宝做的事情，爸爸妈妈最好也不做。如果不希望宝宝看电视，那爸爸妈妈就不要在宝宝面前看电视；如果不希望宝宝吃冰激凌，那爸爸妈妈就不要"偷吃"，否则一定会被嗅觉敏感的宝宝发现的。宝宝最擅长的事情就是模仿，爸爸妈妈的行为会对宝宝产生莫大的影响。

第二，和宝宝一起做约定，并且共同遵守。爸爸妈妈和宝宝一起约定做某事的频率，比如每周可以吃一次冰激凌。还需要和宝宝约定，如果他不遵守约定该如何解决，比如"如果爸爸妈妈或者宝宝突然想吃冰激凌，但是还没到约定的时间，我们该怎么办呢?"请爸爸妈妈把与宝宝达成的约定记下来,贴在宝宝可以看到的位置。爸爸妈妈也要一同遵守约定!

小练习:

1. 你有解决宝宝吃饭难的好方法吗?可以分享给大家。

方法一:_____

方法二:_____

2. 请爸爸妈妈想一想,哪些家务活可以邀请宝宝一起做呢?记录下来,成为宝宝珍贵的成长记录。

_____
_____
_____
_____

第四节　电视、手机、动画片，到底能不能看

> **来热身啦**

你认为宝宝是一个爱看手机的孩子吗？

　　A. 是
　　B. 不是
　　C. 不能确定

你的选择是：_____

> 关于宝宝能不能看手机，你最想了解哪些问题？
> - 1. 我们的工作、生活离不开手机，宝宝却总想着玩怎么办？
> - 2. 不让看电视，宝宝就大喊大叫怎么办？
> - 3. 宝宝看动画片看不够，得了近视怎么办？

1. 我们的工作生活离不开手机，宝宝却总想着玩怎么办？

呼呼妈妈已记不清呼呼是从什么时候开始玩手机的了，她总是感慨："现在的小朋友太聪明了，根本不用大人教，三下两下就能找到游戏。"每当呼呼妈妈拿出手机的时候，呼呼就凑上来，非要玩，如果妈妈把手机直接收走，呼呼就哭，妈妈只好把手机给她，但她一玩就停不下来。呼呼妈妈很担心，小宝宝到底能不能玩电子产品？爸爸妈妈到底要不要把手机收起来？有没有可能手机就放在身边，宝宝却看都不看呢？

（1）爸爸妈妈到底要不要把手机收起来？

一方面，把手机收起来，宝宝"眼不见心不烦"，确实会减少很多不必要的麻烦。就像正在戒酒的成年人，如果眼前总是有一瓶好酒，恐怕也是很难做到成功戒酒的。手机是可以收起来，但如果宝宝沉迷电视，电视收起来恐怕就有点儿困难了。

另一方面，一旦收起来的手机被宝宝发现，会发生"疯狂反击"的后果。心理学表明，过度地禁止反而会激发好奇心，引起更强烈的需求。手机对宝宝来说是一种诱惑，若完全禁止，将来一旦接触，他会报复性地使用且沉溺其中，届时要想改变会更难。

（2）手机就放在身边，宝宝却看都不看，这种理想情况可能发生吗？

第一，爸爸妈妈整理手机内容，跟宝宝明确手机的作用。爸爸妈妈应从手机中清理掉那些无意义的电子游戏，还需要让宝宝了解到：手机只是爸爸妈妈用来工作和打电话的工具。爸爸妈妈在陪伴宝宝的时候，尽量不使用手机，因为不是"工作时间"。

第二，提前约定玩耍时间，做更有趣的爸爸妈妈。如果爸爸妈妈可以接受宝宝玩一会儿手机，那就要和宝宝约定好玩手机的时长和频率。在宝宝玩时，爸爸妈妈要提醒宝宝注意姿势和距离以保护好眼睛。到了该关机的时候，爸爸妈妈可以邀请宝宝自己关机，并且用更有趣的陪伴来吸引宝宝迅速转移注意力。如果关机的时候宝宝哭闹，那么爸爸妈妈就需要温柔而坚定地关掉手机，并且提前准备好足够有趣的事物或游戏来吸引宝宝。

2. 不让看电视，宝宝就大喊大叫怎么办？

不让看电视宝宝就大喊大叫时，你和家人通常怎么做？

A. 吓唬孩子，再喊就把电视扔了，永远看不了
B. 哄骗孩子，不看电视就给糖吃
C. 放任孩子，随便吧
D. 不知道怎么办

你的选择是：＿＿＿＿＿＿＿

最近，冰冰妈妈跟邻居说："现在的孩子可真不好管呀！就爱看电视，每天都是开了电视就关不了。关上电视一会儿还要看

电视，不让看就大喊大叫。主要是总看电视对孩子的眼睛不好，这可怎么办呢？"

（1）宝宝为什么沉迷电视手机，不给看就大喊大叫呢？

第一，根据有关调查研究，电视节目对孩子非常具有吸引力，五颜六色的屏幕富含各种图形、人物等，新鲜又有趣，节目里的内容会给孩子带来不一样的体验和感受。

第二，孩子找不到更为有趣的事情做，就会把专注力放在看电视上。

（2）不让看电视宝宝就大喊大叫的时候，爸爸妈妈应该怎么办呢？

第一，帮助孩子说出感受。爸爸妈妈要认识到电子产品非常吸引孩子，孩子很难控制自己。爸爸妈妈可以引导帮助孩子说出内心的感受"看电视的时间已经过去了，你已经看完了，不能再看了，我知道这会让你很生气、也很难过。"

第二，提供孩子期待的活动。爸爸妈妈根据孩子的兴趣爱好，给孩子提供他非常期待或喜欢的活动。让孩子把注意力放在其他事情上，而不只是看电视。比如"爸爸妈妈要去洗车，需要你的帮助。我们一起去洗车吧。"

第三，爸爸妈妈可以陪伴孩子参与活动，多给孩子动手参与的机会，让孩子感受到参与活动的快乐。"我们一起洗车，你想擦车轮还是车窗呢？我来清洗脚垫。"

不让看电视孩子就大喊大叫，此时孩子最需要的是被理解和给他时间慢慢适应，而不是劝说和哄骗。

需要注意的是，孩子在和爸爸妈妈一起做事情的时候，不能像我们期待的那样完成得很好。我们要多给孩子一些鼓励，让孩子觉得做这项活动很有价值感。爸爸妈妈有自己的事情要做，陪伴孩子看电视也是很有挑战的。爸爸妈妈要逐渐帮助孩子建立看电视的规则，同时也要多给孩子一些共同做事情的机会。这样孩子就会更期待参与这些有趣的活动。帮助孩子逐渐将专注转移到更多的事情上，需要一个陪伴并正确引导的过程，一定要有耐心。通过爸爸妈妈的努力，相信孩子会把专注放到更多的事情上，而不只是看电视。

3. 宝宝看动画片看不够，得了近视怎么办？

当宝宝看动画片看不够时，你和家人通常怎么做？

A. 吓唬孩子，再看电视眼睛就坏了
B. 哄骗孩子，不看电视出去买好吃的
C. 放任孩子，想看就看吧
D. 不知道怎么办

你的选择是：＿＿＿＿＿＿＿＿

果果最近喜欢看动画片，爸爸妈妈也可以在他看动画片的时候稍微轻松一点，可果果妈妈发现他看动画片的时间越来越长，果果妈妈特别担心宝宝的视力会出现问题，但是强制关掉电视，他就开始大哭大闹，甚至不停地挠人，怎么哄都不管用，怎么办呢？

（1）宝宝为什么会出现不让看电视就大哭大闹的情况呢？

第一，精美的画面、独特的造型、重复的画面和丰富的情节等都符合宝宝的身心特点，满足了他们对美的渴望，自然就沉浸其中。

第二，父母常将动画片作为孩子的"安抚品"。父母忙时就给宝宝看动画片，时间一长，宝宝内心就会感到孤独，就把动画片中的人物当成自己的伙伴。

第三，宝宝处于好奇阶段，动画片能满足宝宝的好奇心，并带来新鲜感和刺激感。

（2）当宝宝看动画片看不够的时候，爸爸妈妈应该怎么办呢？

爸爸妈妈可以在宝宝状态好的时候，一同跟宝宝讨论关于看电视的规则，并且给家里的电视遥控器赋予人格化的功能，比如，跟宝宝一同给遥控器起一个名字，作为宝宝的电视小管家。在宝宝看电视前调好遥控器的定时关机功能，电视关后，告诉宝宝这是他的遥控器朋友在保护他，从而控制宝宝看电视的时间。

第一，提前设置时间。在宝宝看电视前设置好定时关机，确保宝宝看电视的时间。

第二，安抚情绪。宝宝在突然关电视后会有情绪，爸爸妈妈允许他合理发泄情绪，再告诉宝宝遥控器小朋友要保护他，所以关掉了电视，最后告诉宝宝长时间看电视的危害。

第三，转移注意力。爸爸妈妈可以和宝宝沟通，关掉电视后可以一起玩的东西，转移宝宝的注意力。

当宝宝看动画片看不够时，宝宝最需要的是爸爸妈妈耐心地引导和陪伴，而不是苛责和娇纵。值得注意的是，家庭成员提前商量，控制看电视的时间，可以一起制订一个看电视时间表，严格按表上时间进行。爸爸妈妈在宝宝宣泄情绪时可以抱抱他，但不要过多安抚，待宝宝平静下来再跟宝宝讲原因。让宝宝少看电视是一个缓慢的过程，需要爸爸妈妈耐心地陪伴宝宝，科学地转移宝宝的注意力。

小练习：

1. 你有帮助宝宝减少看动画片的好方法吗？

_____

_____

_____

2. 你打算做些什么帮助宝宝表达自己的真实感受呢？

爸爸妈妈打算做什么

爸爸妈妈如何跟宝宝沟通

宝宝的反馈

第六章
情绪管理篇

多蹲下来听孩子说话，你看到的将是一个纯真无瑕的世界！

——阮庚梅

本章主要介绍了如何帮助宝宝更好地管理自己的情绪。如果把孩子比喻成一辆飞速行驶在轨道上的火车，一条轨道是技能学习，另一条轨道就是情绪学习。双轨驾驶才能平稳快速。本章从如何让宝宝认识情绪、正确对待宝宝的哭泣、负面情绪的处理方式、生命教育的意义4个方面，帮助父母了解宝宝的情绪卡点，了解孩子行为背后的真正含义。

第一节 让情绪会说话

来热身啦

在你的心目中,宝宝的性格是内向的还是外向的?

A. 内向
B. 外向
C. 不能确定

你的选择是:＿＿＿＿＿＿＿＿

关于让情绪会说话,你最想了解哪些问题?
- 1. 担心宝宝太内向怎么办?
- 2. 一言不合就哭闹,宝宝的脾气怎么这么大?
- 3. 爸爸妈妈该怎么对待发脾气的小家伙?
- 4. 怎么帮助宝宝识别情绪,让情绪会说话?

1. 担心宝宝太内向怎么办？

最近皮皮妈妈很苦恼：2岁多的皮皮，从7个多月起开始认生，一直到现在都不让陌生人抱，哪怕家人跟她说"这个阿姨是妈妈的好朋友""这是你的舅奶奶"都不行，皮皮还是会往妈妈身后躲或者让爸爸妈妈抱。到了2岁多认生的情况更严重了，她不喜欢跟陌生人交流，也没有喜欢的小朋友一起玩，这可怎么办？马上就要上幼儿园了，不喜欢和小朋友交流，没人跟她玩，真的很孤单，很担心她长大会有问题。这是不是因为她经常自己在游乐场玩，和亲戚朋友接触比较少导致的呢？是不是让宝宝多去接触一些亲戚朋友就会好起来呢？

"当碰到孩子内向、不喜欢跟人交流、没有朋友的时候，你和家人通常会怎么做呢？"皮皮妈妈思考了一会儿说，她自己一般会催促孩子："你快去和小朋友一起玩吧。"奶奶一般会哄着皮皮："你去和小朋友一起玩，玩完之后奶奶给你买巧克力吃。"皮皮爸爸则会指责孩子："你这孩子就是内向，不爱说话，你这样谁会喜欢你？"

不知道有多少爸爸妈妈会做出跟皮皮家人一样的举动。要知道，催促孩子会让孩子觉得爸爸妈妈不理解我，总是催促我做事情。哄骗孩子会让孩子觉得家长在应付自己，不再信任家长。而指责孩子更是会让孩子丧失信心，觉得自己是一个不被喜欢的小孩，更加认生不爱与人交流。

宝宝是从什么时候开始认生的？德国教育学专家Christiane博士曾经说过："宝宝的认生期随着他的成长而自然产生，很可能在一夜之间，认生期就到来了。"4个月以内的宝宝，一般不会认生。因为这个时候他对周围的一切新鲜事物，都比较好奇，包括不熟悉的陌生人。对于任何人的引逗，他都会报以喜悦的微笑。

5～7个月的宝宝，对陌生人会出现"警惕的注意"现象。他们会来回地注视、比较陌生人与熟人（主要是妈妈）的面孔，对陌生人的脸注视的时间会更长些。在陌生人面前，宝宝会出现较明显的严肃、紧张的神态。

7～12个月的宝宝，"认生"达到高峰，有些宝宝面对陌生人会有哭闹、回避等比较强烈的情绪反应。

爸爸妈妈怎么做才能既不伤害宝宝，又不失掉面子呢？

第一，了解和接纳宝宝的成长发展规律。认生是宝宝成长的必经阶段，是他情感发展的一个重要里程碑，爸爸妈妈在放下焦虑和紧张之后，可以发现"认生"对于宝宝的生存有着积极的意义。过度担心会让宝宝感受到爸爸妈妈的焦虑，反而会增加宝宝的反感和畏惧。

第二，充分地陪伴宝宝，增强他的安全感。有一些爸爸妈妈会觉得宝宝出现"认生"情绪是因为宝宝见陌生人见得太少了，多带着宝宝去接触亲戚朋友可能会好转。但在接触陌生人的过程中，"接触"的程度要严格把握：越是在陌生人面前，爸爸妈妈越是要和宝宝保持最大的亲密度，要让宝宝知道爸爸妈妈不会轻易把他放在陌生人怀里，爸爸妈妈一直陪着他。

第三，和宝宝一起适应不同的环境，做宝宝坚强的靠山。亲戚朋友热情洋溢地朝宝宝伸出双手，在宝宝看来这些都是"陌生人"的"魔爪"。如果有亲戚朋友想要抱宝宝,爸爸妈妈可以用身体遮挡一下宝宝,微笑着说:"宝宝不怕,这是婶婶,她会等你做好准备了再抱你的,如果你不愿意也是可以的,婶婶最善解人意了。"对方自然能够读懂你的肢体和口头语言中的婉拒之意。

每个孩子都是独立存在的个体,尊重"人",这个人不分年龄、不分性别。孩子不是我们对外炫耀的物品,更不是给我们长面子的工具,正确示范如何打招呼以及与人相处远比给孩子贴上"内向"的标签更能帮助孩子。

2. 一言不合就哭闹,宝宝的脾气怎么这么大?

你认为你的宝宝是一个脾气大的孩子吗?

A. 是
B. 不是
C. 不确定

你的选择是:_____

脾气特别大。具体是什么表现呢?萌萌妈妈回忆,萌萌要吃奶时必须马上喝到,一分钟都不能等,晚一点儿给她就哭,哭到快要背过气去;萌萌一着急就尖叫,如果还没被满足就狂哭。

7个月的宝宝,仿佛开始有了自己的"小脾气",一言不合就哭闹,小天使瞬间变身"小恶魔"。而且随着宝宝的大运动和精细运动的发展，他甚至会使出摔东西、打人、打滚儿等重量级的发泄方式。

很多时候，爸爸妈妈会感到莫名其妙，怎么上一秒钟还乖巧安静的小家伙，突然就爆发出一阵撕心裂肺的哭喊，憋得小脸通红，仿佛全世界都对不起他。那么从各项发育情况来说，宝宝可能会因为什么问题而哭闹呢？

从生理方面来说，宝宝困了、饿了、要大小便了或者生病不舒服，需要安抚的时候，就比较容易发脾气。

从心理方面来说，宝宝还不能很好地调控自己的情绪，且在负面情绪产生后，不知道该如何处理。他大多会用哭闹的方式将担心、愤怒、焦虑、忧郁、伤心、难过、害怕、害羞、惭愧、后悔、内疚、沮丧、不满等表达出来。

比如，宝宝正努力学习用杯子喝水，试了几次都没成功，还洒了自己一身，宝宝又懊恼又挫败，只好大哭一场以表达对自己的不满。宝宝想要妈妈全心陪伴，但是妈妈却只是敷衍了事，仍然在忙工作或者看手机，宝宝既担心妈妈不爱他，又伤心自己在妈妈心中不重要了，所以只好用哭闹来引起妈妈的关注。

人类的大脑可以分为大脑皮层和皮层以下这两部分，大脑皮层产生理智认知，是一个"认知的大脑"，而皮层以下的部分控制情绪，是个"情绪的大脑"。"情绪的大脑"进化已超过20亿年，很多动物都有，而"认知的大脑"即大脑皮层，虽然很大，但其进化产生的时间却只有1亿年。晚期进化出的皮层即这个"认知的大脑"很多时候难以控制和对抗"情绪的大脑"，从而使人们的情绪容易失调。成年人的情绪有时也会失调，何况

0～1岁的孩子,他们不能控制自己的情绪。当孩子发脾气时,他们也没办法用语言表达,因此只能用行动表达。他们会通过哭闹、摔东西等方式将内在情绪表现出来,这就有了萌萌发脾气的时候的一系列举动。

3. 爸爸妈妈该怎么对待发脾气的小家伙?

遇到孩子发脾气时你会怎么做?

A. 呵斥孩子停止发脾气
B. 严厉制止,甚至用打骂吓唬孩子
C. 放任孩子哭闹,转身离开
D. 不知道怎么做

你的选择是:_____

选A,孩子会觉得爸爸妈妈太凶,觉得很委屈,哭得很厉害。
选B,孩子听到父母要打人会觉得很害怕。
选C,孩子会觉得父母不关心自己,自己是不被爱的。
那么当宝宝发脾气的时候,爸爸妈妈应该怎么做呢?
首先,理解和倾听。对宝宝来说,"发脾气"是一种表达情绪和诉求的方式,也是一种沟通交流的手段。宝宝已经有了自己的想法,只是还不懂如何用语言表达,只好以"发脾气"的方式去宣告自我。爸爸妈妈在理解宝宝"发脾气"是符合其年龄特征的外在行为的同时,更需要学会倾听宝宝内心的呼声。

比如宝宝摔东西,其实真实的想法是:爸爸妈妈,我不是故意摔玩具,因为这个玩具怎么按都没有声音,所以我太生气了。我没办法控制自己的情绪,然后就把玩具摔在了地上。爸爸妈妈,你们看到我不开心不安慰我,还皱着眉头说我,我感到特别难过委屈。我一委屈,就开始哇哇大哭了。爸爸妈妈,你们能理解我吗?

如果爸爸妈妈了解到宝宝的真实想法,首先就要"关注情绪"。爸爸妈妈可以轻轻走到孩子身边,慢慢蹲下,看着孩子的眼睛,温柔地和孩子说:"宝贝,我看到你现在有些不开心。"并向孩子张开手臂,对孩子说:"你需要妈妈抱抱吗?"然后描述事实。等孩子情绪逐渐平静之后,向孩子描述事情发生的过程。妈妈可以对孩子说:"宝贝,妈妈刚才看到你玩玩具的时候,把玩具摔地上了。这是你的玩具,摔在地上很容易坏掉的。坏掉了就不能玩了。"最后让孩子了解因果。妈妈用手指向摔在地上的玩具引导孩子,对孩子说:"请你把玩具捡起来吧,让我们一起看看玩具有没有摔坏。"妈妈拿到玩具后和孩子一起检查,看着孩子的眼睛认真地对孩子说:"宝贝,当你不开心的时候可以哭一会儿,也可以来抱抱妈妈,我希望你能保护好你的玩具。"当孩子发脾气的时候,孩子最需要的是了解事情的因果关系,而不是指责和忽视孩子的行为。

其次,共情和引导也非常重要。爸爸妈妈帮助宝宝说出他的心里话,比如,"宝宝,你感到很愤怒很沮丧,是因为你努力了好几次都没有拿住杯子,你希望能够稳稳当当地握着杯子喝水。""当你生气的时候,你可以说'我很生气!'"尽管宝宝还不会说话，但你已经可以如上所述那般为他示范表达情绪的方式了。

最后，宝宝需要的是等待和陪伴。有时候，宝宝看上去真的是在"无理取闹"，无论爸爸妈妈怎么说、怎么做，宝宝都一意孤行地哭闹。这时，爸爸妈妈需耐心地等待、接受、陪伴宝宝，用关切的目光、信任的态度接受宝宝的幼稚，等待宝宝冷静下来。正如《超级父母时间管理术》一书中提到的那样：时间不等人，但是可以等孩子。

4. 怎么帮助宝宝识别情绪，让情绪会说话？

如果把孩子比喻成火车，那么两个火车轨道才能保证火车高速运行，一条轨道是学术上学习，另一条轨道是学习情绪。上了小学后，孩子不可避免都会碰到学业压力，那么在人生可以被允许最慢的童年（0～6岁）没有学习过情绪，没有在社会情绪心理健康轨道上打好地基，等孩子上学了，学业压力、竞争压力随之而来，如果只关注学习这条单一轨道，就很容易翻车，这是所有为人父母都不愿意看到的悲剧。

学习表达情绪比说英语更重要，管理好情绪比单纯补课提分更重要，情绪管理不仅是孩子未来学习习惯的基础，更是我们给孩子留下的一条通往心理健康的路。

《西尔斯亲密育儿百科》中写道："有些孩子就像火山，动不动就要爆发一次，把他们的情绪发泄给周围的每一个人，然后就会安静下来。高需求宝宝尤其容易发作，当他们的需要被忽视时，就容易发脾气。性格温顺的孩子比较容易从不良情绪中走出来，而情绪一直强烈的孩子则没那么容易转移注意力。"对于0～1岁的孩子，想出去玩却没有被满足而发脾气，沉浸在自己的情绪里出不来，听不进去话是很正常的事情。

先感受后行为，很多时候孩子对感受比对其他词更敏锐，能说出感受就会让感受好一些。人的感受分为四大类，"我很害怕""我很生气""我很开心""我很难过"。当孩子说出感受，就不会通过打人、摔东西、哼唧、抵抗大人来表达感受，孩子有时候不会用语言说出感受，就会用行为来表达那份说不出来的感受。

引导孩子将感受说出来，情绪学习和知识学习同样重要。

小练习：

1. 你家宝宝是否也出现过一言不合就哭闹的情况？

A. 有

B. 没有

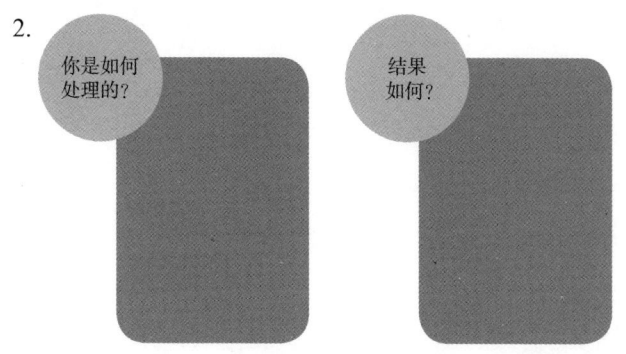

2.

你是如何处理的？	结果如何？

3. 你有引导孩子表达情绪和感受的案例吗?

_____

_____

_____

4. 爸爸妈妈可以建立与宝宝的情绪感受沟通记录表。

情绪感受沟通记录表

爸爸妈妈观察宝宝情绪问题的行动	宝宝表达的感受	宝宝转化情绪的行动

第二节　陪孩子哭是一种革命友谊

> **来热身啦**

在你的心目中，宝宝是一个爱哭的孩子吗？

　　A. 是
　　B. 不是
　　C. 不能确定

你的选择是：_____

关于宝宝太爱哭，你最想了解哪些问题？
- 1. 宝宝在公共场合尖叫吵闹，爸爸妈妈该怎么办？
- 2. 宝宝哭闹不停时，爸爸妈妈的当务之急是"止哭"吗？
- 3. 宝宝哭，家长烦，这个难题怎么解决？

1. 宝宝在公共场合尖叫吵闹，爸爸妈妈该怎么办？

每到周末，爸爸妈妈就会带着飞飞去逛公园、逛超市、看展览，这是飞飞最喜欢的时光，爸爸妈妈也很享受这段时光。唯一让爸爸妈妈头疼的是，几乎每次外出飞飞都会在公共场合号啕大哭。小宝宝哭闹尖叫的声音，能够在最短时间内吸引全场的目光，这时的爸爸妈妈尴尬极了。而且无论爸爸妈妈怎么哄他，都不管用。经历几次以后，爸爸妈妈就不敢带飞飞外出了，生怕再次遭遇尴尬。

（1）宝宝为什么会在公共场合尖叫吵闹呢？

生理方面的原因。1岁左右的宝宝，对日常惯例已经有所记忆并习于遵守了，生活通常都很有规律，到了吃饭或者睡觉的时候，他如果没有及时得到食物或者休息，就会出现生理性的哭闹。

心理方面的原因。出门在外，诱惑和挑战对宝宝来说都增加了很多。宝宝想要通过哭闹来试探爸爸妈妈的底线、实现自己的欲望、求得爸爸妈妈的关注等。归根结底，宝宝就是想通过哭闹来看"爸爸妈妈到底爱不爱我""我在他们心中到底重不重要"，以确认自己的价值感和归属感。

还可能是双重原因。宝宝在饥饿或疲劳状态下，稍有一点儿情绪上的不满就会将其迅速放大，哭闹起来更加难以安抚。

（2）爸爸妈妈怎么做才能既避免尴尬又尊重宝宝的感受呢？

第一，留意观察宝宝的生物钟，避免其因生理原因而哭闹。外出时，在宝宝平时吃饭、睡觉的时间，爸爸妈妈要安排他进行相应的活动。

第二，宝宝哭闹时，温和而坚定地把宝宝抱到合适的区域。宝宝尖叫哭闹，爸爸妈妈碍于面子，最容易出现的反应就是妥协或者发火。所以，把宝宝抱到合适的区域，既不打扰他人，也能给自己和宝宝留出沟通的空间，是尊重他人、尊重自己且尊重宝宝的做法。

第三，认可宝宝的感受，给予充分的理解和陪伴。宝宝的思维通常很直接：妈妈给我买玩具，她就爱我；妈妈不给我买玩具，还跟我生气，她就不爱我。他用"买不买玩具"来检验爸爸妈妈是否爱他、是否在乎他。妈妈可以问问宝宝他是不是这样想的，是不是因为觉得妈妈不爱他了，所以才哭。妈妈肯努力去理解他，宝宝就会觉得妈妈懂他的心，是爱他的。

第四，"转移注意力"可以用，但不能滥用。很多育儿书会给出使用"转移注意力"的方法，对于宝宝来说的确有用，比如唱儿歌、讲故事等，但是在宝宝平静下来之后，仍然要共情，回到原来的话题中去。尤其要注意"宝宝不哭，妈妈给你买颗棒棒糖！"这类转移注意力的方法要慎用，因为这会让宝宝在"哭闹"和"棒棒糖"之间建立"哭闹就会得到棒棒糖"的因果关系。

2. 宝宝哭闹不停时，爸爸妈妈的当务之急是"止哭"吗？

宝宝哭闹不停时，你是怎么做的呢？

A. 想尽一切办法哄

B. 严厉批评，不准哭

C. 任其哭闹，哭累了就不哭了

你的选择是：_____

应对宝宝哭闹几乎是每个家庭的必修课，亮亮的爸爸妈妈正在为这件事发愁。虽然亮亮并不是那么爱哭的宝宝，可一旦哭起来就会"惊天地，泣鬼神"，没有十来分钟是停不下来的。原本好脾气的妈妈也会被亮亮哭得心烦意乱，火气噌噌往上蹿。每当被训斥一通后，亮亮不仅没有止哭，反而哭得更凶了，爸爸妈妈这下束手无策了。那么宝宝哭闹时，爸爸妈妈的当务之急是"止哭"吗？爸爸妈妈怎么做才是恰当的？

（1）宝宝哭闹时，爸爸妈妈的当务之急是"止哭"吗？

第一，宝宝哭闹不停是为什么？有的宝宝哭闹是因为自己的需求得不到满足，比如没有得到想要的食物、玩具；有的宝宝哭闹是在发泄自己的情绪，比如表达他的愤怒、悲伤、担忧、难过等。爸爸妈妈会发现，假如宝宝哭的起因是需求得不到满足，但哭得时间长了之后，爸爸妈妈即使满足了他的需求，他依然会继续哭闹。所以宝宝长时间哭泣，大多是因为他在表达情绪。

第二，当宝宝哭闹不停时，他需要什么？一方面，长时间的哭泣已经成为宝宝发泄情绪的渠道，宝宝需要充分疏解情绪。情绪是不需要被扼制的，爸爸妈妈为了"止哭"而忽视宝宝的情绪表达，会让宝宝难以了解到负面情绪的表达方式。另一方面，宝宝需要情感的及时补充。此时，他对情感的需求已经超越了对物质的需求，即宝宝的情感急需得到补充，才能让他有能力从负面的情绪中恢复平静。爸爸妈妈急于"止哭",可能会使用物质来替代情感以转移宝宝的注意力,但这并不能真正解决问题,反而会让宝宝觉得:情感并不重要,情感的缺失可以用物质来填补。

(2)宝宝哭闹时,爸爸妈妈怎么做才是恰当的?

第一,照顾宝宝的情感需求,而不是急于纠正宝宝的哭闹行为。在宝宝哭闹不停时,爸爸妈妈可以告诉宝宝:"我看出你很难过,难过得都掉眼泪了,我可以陪着你。"当宝宝知道父母不仅能够接纳自己的情绪和行为,而且无论如何都会陪着自己时,宝宝的情感需求就会得到迅速补充,即使还在哭泣,也更容易恢复平静了。

第二,爸爸妈妈学会管理情绪,先育己再育儿。宝宝长时间地哭闹,常常是因为不知道如何表达自己的负面情绪。宝宝如何学习情绪管理呢?往往先从模仿爸爸妈妈的行为中习得。如果爸爸妈妈在面对宝宝哭闹时失控,那么宝宝容易受到影响,会更加歇斯底里。如果爸爸妈妈能够很好地管理自己的情绪,有自己的疏解方式,那么宝宝也会感受到爸爸妈妈的平静,从而受到感染,逐渐趋向平静。

3. 宝宝哭,家长烦,这个难题怎么解决?

宝宝大哭的时候,你是怎么跟宝宝沟通的呢?

A. 哄他:"宝宝不哭了,妈妈给你棒棒糖吃"
B. 训他:"再哭我就不要你了"
C. 无视他:烦死了,自己哭吧

你的选择是：_____

一天晚上，泡泡哄小熊猫睡觉。泡泡跟小熊猫说："准备睡觉啦！不许哭！怎么又哭了？"妈妈心里顿时"咯噔"了一下，因为这句话太熟悉了。泡泡妈妈想起来在自己小时候，有什么委屈难过，只要一哭，妈妈就会马上说："闭上嘴！不许哭！"那时她觉得难过极了。泡泡妈妈来向我们求助："我不想让宝宝哭，但又不希望宝宝在'不许哭'的环境中成长，怎么办？我很矛盾。"

（1）爸爸妈妈为什么不想让宝宝哭？为什么一听宝宝哭就紧张？

第一，认为哭是不对的，哭解决不了问题。其实，哭是很常见的情绪疏解通道，为负面情绪提供了一个出口。倘若一个宝宝在遇到负面情绪时常常被迫压抑自己，那么在成人之后，有极大可能他会不知道该如何处理负面情绪。

第二，认为与其哭泣，不如好好说话，哭起来蛮不讲理太烦人了。现代实践派儿童心理学奠基人鲁道夫·德雷克斯曾说："孩子们的觉察能力很强，但解释能力却很差。"所以"好好说话"这项技能对宝宝而言，还有漫长的学习之路要走。

第三，认为哭会让其他人觉得自己没把宝宝带好。这在隔代养育中比较常见，爸爸妈妈晚上陪宝宝玩耍，宝宝刚哭了一声，奶奶就赶紧冲过来："宝宝怎么了？奶奶的乖孙子不哭哦！奶奶带了一天，宝宝都没哭，怎么你们一回来，他就哭呢？"言外之意：宝宝哭等于爸爸妈妈不会带孩子。

第四，认为宝宝哭对身体不好。传统育儿理念认为哭闹会对宝宝的心肺功能发展产生阻碍。

（2）面对哭泣的宝宝，爸爸妈妈可以怎么做？

第一，控制自己的情绪，关注自己此刻的感受。爸爸妈妈可以问自己几个问题："因为宝宝哭了，所以我生气了。除了生气，有没有更好的办法呢？生气可以解决问题吗？"

第二，哭是宝宝非常自然的情绪反应，接纳宝宝能哭这件事。

第三，拥抱哭泣的宝宝，哪怕他挣扎、闹别扭，他的内心都在渴望你的拥抱。爸爸妈妈可以告诉宝宝："想哭就哭吧！我一直陪着你，你哭我也陪着你，你笑我也陪着你。"

第四，告诉宝宝你觉察到了他的情绪。爸爸妈妈可以温和地对宝宝说："哭是因为你生气了、愤怒了、伤心了、有些内疚了……这些都是正常的情绪。"

爸爸妈妈要知道，陪孩子哭是一种革命友谊。

小练习：

1. 你家宝宝是否也出现过爱哭的情况，你是如何处理的？结果如何？

方法一：_____

方法二：_____

方法三：_____

2. 爸爸妈妈观察宝宝哭的原因是：

_____

3. 你认为宝宝的行为和感受是：

_____

4. 爸爸妈妈疏导宝宝情绪的方法是：

_____

第三节　负面情绪是毒药还是解药

> 来热身啦

你认为宝宝有负面情绪吗？

　　A. 有
　　B. 没有
　　C. 不能确定

你的选择是：_____

关于宝宝的负面情绪，你最想了解哪些问题？
- 1. 宝宝总是动手打人，爸爸妈妈怎么办才好？
- 2. 爸爸妈妈怎么做才能帮助宝宝改变坏脾气？
- 3. 宝宝喜欢搞破坏，是负面情绪在作怪吗？
- 4. 宝宝总是说脏话，怎么才能制止他呢？

1. 宝宝总是动手打人，爸爸妈妈怎么办才好？

每天下午，奶奶都会带壮壮到小区里遛弯儿，和其他小朋友"交流感情"，奶奶看到小家伙咿咿呀呀、手舞足蹈，也很高兴。几天前，正当壮壮奶奶和萌萌奶奶一起聊天时，面对面的两个小家伙也其乐融融地交流着时，突然壮壮迅速地抬手抓向萌萌的小脸，待两个奶奶反应过来，萌萌已经哇哇大哭了。之后的几天，壮壮几乎见人就抓，壮壮的家人为此苦恼极了。

（1）宝宝为什么喜欢抓人？

1岁以内的小宝宝出现"抓人""打人""咬人"等现象，跟攻击、性格等关系不大，通俗地说，他不是故意的。那是因为什么呢？

第一，抓、摸、咬等动作，都是小宝宝在用感官探索世界的方式。

第二，随着自身生长发育，宝宝逐渐掌握了抓握的能力，但却无法很好地控制动作的力度，所以在此阶段就常发生打人、抓人的情况。

第三，小宝宝在出现兴奋、激动、愤怒、害怕等情绪时，不知道如何表达，只好通过自己能够掌控的身体部位来表达，其实宝宝并不知道自己的行为对别人意味着什么。

（2）爸爸妈妈怎么做才能阻止宝宝抓人呢？

第一，认真观察宝宝抓人时的情境。宝宝在什么情况下会抓人？是出于好奇？是喜欢对方？还是不喜欢对方？经过观察，爸爸妈妈会发现，宝宝通常会去抓或者打他喜欢的人，对于他不喜欢的人，宝宝会躲得远远的。

　　第二，温和而坚定地正向引导。当宝宝有伸手抓人的意图时，爸爸妈妈可以温柔而坚决地用自己的大手阻挡开宝宝的小手，告诉他"不可以"。爸爸妈妈不需要抓住宝宝的小手，只要隔挡开他与别的小朋友即可。因为如果爸爸妈妈用力抓住了宝宝的小手，不仅不能为他示范恰当的行为，还会让他模仿你们做出的制止动作。爸爸妈妈还可以轻轻地握住宝宝的小手，引导其轻摸自己的脸颊，说："宝宝喜欢我，你可以这样轻轻地摸我。"

　　第三，及时且真诚地给予鼓励和反馈。当宝宝的行为有所改善时，爸爸妈妈及时给予宝宝反馈："妈妈看到你轻轻摸了摸小姐姐，你一定很为自己感到骄傲！"鼓励会让宝宝产生自信并且明白什么样的行为是恰当的，既不伤害他人也不伤害自己。

2. 爸爸妈妈怎么做才能帮助宝宝改变坏脾气？

当宝宝发脾气的时候，你和家人通常是怎么做的？

A. 严厉制止、批评或惩罚宝宝
B. 哄宝宝，给予其他奖励转移注意力
C. 任其发脾气，不理他

你的选择是：＿＿＿＿＿＿＿＿

在一次妈妈们的聚会中,涛涛妈妈分享了她最近遇到的一个难题:涛涛总是特别容易发脾气,稍有不如意,就又哭又闹又打滚儿,"人小脾气大"这句话说的就是他了。很多妈妈都纷纷表示理解,自己家的宝宝或多或少都会有这种情况。宝宝为什么总爱发脾气?爸爸妈妈怎么做才能帮助宝宝改变坏脾气呢?

(1)宝宝为什么总爱发脾气?

一方面,"发脾气"是宝宝的一种沟通方式。没有哪个宝宝发脾气只是为了让爸爸妈妈生气,尤其是小宝宝,他们的语言表达能力尚未成熟,而且掌管情绪的大脑也只处于发育初期,所以很容易进入"发脾气"的沟通模式。

另一方面,"发脾气"是宝宝处理情绪的方式。从这个意义上讲,"发脾气"和"哈哈大笑"的重要性是一样的。泪水里包含了皮质醇和应激激素,无论是宝宝还是成人,当我们哭的时候,实际上是从身体里释放了压力。所以当情绪彻底爆发出来并处理完毕后,宝宝会恢复平和快乐的状态。

(2)爸爸妈妈怎么做才能帮助宝宝改变坏脾气呢?

第一,理解宝宝的发育规律,管理自己的情绪。爸爸妈妈介意宝宝"发脾气",主要是出于两方面考虑:一是宝宝发脾气会容易让爸爸妈妈陷入不良情绪中,二是担心宝宝成长为一个"暴脾气"的人。理解了宝宝"发脾气"背后的生理和心理原因,在一定程度上能够让爸爸妈妈在宝宝脾气降临时保持平静。

第二,给宝宝情感上的支持,帮助宝宝从"坏"情绪中走出来。在爸爸妈妈保持平和情绪的基础上,可以给宝宝拥抱和安抚或者轻轻地吟唱柔和的歌曲等。从环境和情感上感染宝宝的情绪，而不是简单地说"宝宝不哭"。

第三，帮助宝宝一起收拾"发脾气"的残局，不评论、不指责。在宝宝恢复平和心态后，爸爸妈妈和宝宝一起收拾被扔得满地的玩具，"帮助玩具们回家"。不评论、不指责，会让宝宝产生对环境的安全感和对爸爸妈妈的信任感，他知道自己是被无条件接纳的。

第四，提前和宝宝做好关于具体事情而不是关于情绪的约定。在宝宝心情愉悦的时候，爸爸妈妈可以就之前发生的具体事情和宝宝进行探讨：如果下次发生了这样的事情，宝宝可以怎么做？不必和宝宝约定"不能发脾气"，而是约定具体的解决方法，比如约定好以后遇到问题时，宝宝是"选择找妈妈帮忙"还是"在自己的冷静空间里待一会儿"，之后按约定执行。

3. 宝宝喜欢搞破坏，是负面情绪在作怪吗？

你认为宝宝有搞破坏的行为吗？

A. 有
B. 没有

你的选择是：_____

小聪是一个人见人爱的宝宝，身体健壮、爱说爱笑。爸爸妈妈唯一发愁的事情就是，小聪太喜欢"搞破坏"了。在家里，扔玩具、扔餐具、扔绘本；在外面，拔草、抓小猫尾巴，甚至还会抓鱼缸里的小金鱼。爸爸妈妈总是想，如果小聪不这么热爱"搞破坏"就好了，那他就是一个完美宝宝了。宝宝为什么总喜欢搞破坏呢？有没有不搞破坏的宝宝？爸爸妈妈应该怎么做呢？

（1）有没有不喜欢搞破坏的宝宝？

从宝宝的生理发展情况来看，"搞破坏"是宝宝生长发育的必经阶段。当宝宝能跑能跳，而且精细运动发展到一定阶段后，"搞破坏"就成了他探索世界的一种方式。换句话说，如果你家宝宝特别"乖"，从来没有过"搞破坏"的行为，那才是需要担心的呢！

从宝宝的心理发展状况来看，宝宝"搞破坏"通常是在证明自己的能力，或者是获取爸爸妈妈的关注。通过"搞破坏"，宝宝发现自己能够把看似飘忽不定的小草给拔断，能把看似无坚不摧的玩具给丢掉，他觉得自己很强大。有时，宝宝通过"搞破坏"发现能让一直在看手机的妈妈过来跟自己说话，虽然是训斥，但至少感受到了妈妈的重视，他会觉得自己很重要。这些心理因素驱动着宝宝做出"搞破坏"的行为。

（2）爸爸妈妈应该怎么做？

第一，理解宝宝的发展规律，适当扩大可承受范围。爸爸妈妈在区分宝宝是否在"搞破坏"时，内心应当是有一套内在标准的。在理解了宝宝的发展规律后，爸爸妈妈可以适当地把这个标准降低到更加符合宝宝的需求。比如，宝宝总想去厨房玩，去厨房玩这件事原本是在禁止的范围内，但经过隐患排查，爸爸妈妈认为在有成人陪伴的情况下，宝宝去厨房玩是安全的，那就可以将此事划归到允许的范围内。这样不仅能够让宝宝更加自由地探索，而且可以降低爸爸妈妈的焦虑感。

第二，划定界限，正向引导宝宝的"破坏"行为。爸爸妈妈把自己的内在标准转换成宝宝可以理解的语言，明确地告知宝宝：哪些东西是可以摸、扔、抓的，哪些是不可以的；哪些区域是可以去的，哪些区域是不可以去的，并且正向引导宝宝的"破坏"行为，给宝宝示范应该怎么做。宝宝需要一套标准来明确界限，这样能让他有安全感，不必一次又一次地试探。

4. 宝宝总是说脏话，怎么才能制止他呢？

"餐厅的饭是臭狗屁！"看着服务员满脸不解的表情，妈妈赶紧制止娅娅："宝宝，不能这么说话，不文明！"但娅娅反而越说越起劲了。妈妈又尴尬又无奈，宝宝怎么突然说脏话了呢？爸爸妈妈怎么做才能制止她呢？

（1）宝宝为什么会说脏话？

一方面，在宝宝的日常生活中有脏话环境，宝宝热衷模仿。宝宝通过模仿来学习各种技能，语言也不例外。在语言爆发期，宝宝会不加选择地模仿很多话语，电视剧、动画片、广告、成人的用词用句，甚至大街上身边走过的人说的话，他都能记住。而脏话通常节奏感强、音量大、口音重，会从众多语言信息中"脱颖而出"，易被宝宝捕捉到并且迅速学会使用。

另一方面，"说脏话"是宝宝吸引家人关注的一种方式。宝宝对于词汇并无道德上的"好坏"评判,只是说脏话能够使他感受到一种语言带来的力量及爸爸妈妈的关注。比如,他一说"屁",就能逗乐他人或者让爸爸妈妈从不在乎他变为训斥、批评他。对于宝宝来说,最怕的不是被惩罚,而是不被看见。如果说脏话可以让爸爸妈妈看见自己,宝宝就会继续这种行为。

(2)爸爸妈妈要怎么做才能制止宝宝说脏话呢?

第一,用平静的心态面对。大部分宝宝在刚开始说脏话的时候,并不了解其真正含义,只是出于模仿、好玩、有趣、新奇。所以宝宝说脏话,并非道德品质问题。爸爸妈妈的过度反应会加强宝宝对说脏话的兴趣,反而会促使他从无意识转化成有意识地使用。

第二,用其他词汇代替宝宝口中的脏话。当宝宝说脏话的时候,爸爸妈妈可以用游戏的方式及更有吸引力的词汇来代替宝宝口中的脏话。比如,当宝宝说"妈妈的饭是臭狗屁!"时,妈妈可以装作很庆幸地说:"幸亏你没有说我的饭超美味!我最害怕我的饭超美味被别人抢走了!"这样,"臭狗屁"的力量就被消弭无形了,因为宝宝会很容易被"超美味"吸引住。如果宝宝说脏话,没有得到爸爸妈妈的额外关注或者引发哄堂大笑,宝宝会觉得没意思、不好玩,自然就不再说了。

小练习:

1. 你有没有改变宝宝坏脾气的方法?

_____
_____
_____

2.请爸爸妈妈回想一下,当我们跟爱人产生冲突的时候是怎么解决的?
_____
_____
_____

3.记录宝宝解决冲突的方法,成为宝宝珍贵的成长记录。

解决冲突记录表		
冲突原因	冲突的解决方法	宝宝的反应

第四节　生命教育是宝宝的必修课

来热身啦

你给宝宝讲过关于生命的话题吗?

　　A. 有
　　B. 没有
　　C. 不能确定，没注意

你的选择是：_____

关于宝宝的生命教育，你最想了解哪些问题？
- 1. 二胎即将到来，老大成了蛮不讲理的"坏小孩"怎么办？
- 2. 宝宝喜爱的小动物死了，怎么对宝宝进行生命教育？
- 3. 一定要给宝宝过生日吗？3岁生日怎么过才有意义？

1. 二胎即将到来，老大成了蛮不讲理的"坏小孩"怎么办？

兵兵妈妈的肚子里，又有了一个小生命，全家都为之开心，兵兵也知道自己快要当哥哥啦！然而，"晋升哥哥"的喜悦刚刚持续了两天，兵兵就发现这并不是件"好事"：妈妈不能抱自己了；妈妈不能跟自己打闹了；吃不到妈妈做的美味佳肴了，因为妈妈一闻到油烟味就想呕吐。兵兵觉得这种待遇简直让他无法忍受，于是开始反抗、黏人、闹腾，稍微一不顺心就大吼大叫，甚至在地上打滚儿，哭得声嘶力竭。孕早期症状缠身的兵兵妈妈说："原本懂事讲理的儿子几乎快要变成一个'坏小孩'了，分分钟让人抓狂。二胎还没出生，老大怎么就变成'坏小孩'了？怎么做才能让'坏小孩'变回'乖宝宝'呢？"

（1）老大变成"坏小孩"，到底是因为什么呢？

一方面，所谓的"坏小孩"，只是他表现出来的行为让爸爸妈妈无法接受。出现这些行为最直接的原因是他的生活习惯发生了较大改变，比如，由于妈妈孕早期反应严重，他的主要照料人更换为奶奶或者姥姥，饮食、睡眠、玩耍等都随之变化。这类似于成人突然换了一个生活环境，必然有一定的不适感。因为宝宝不擅长表达，所以就用不良行为来发泄身心的不适。

另一方面，宝宝变身"坏小孩"，可能是因为感受不到妈妈的爱了。孕早期的妈妈往往处于身心俱疲的状态，即使可以陪伴宝宝，也并没有太高的质量，能不抱宝宝就尽量不抱，更不能做一些剧烈运动。只有当宝宝哭闹起来时，妈妈才不得不把他抱在怀里。宝宝哭闹，是为了让妈妈的眼睛能够看到他，是为了重获妈妈的抱抱和妈妈的爱，因为他感受不到妈妈的爱了。

（2）爸爸妈妈怎么做，才能找回"乖宝宝"老大呢？

第一，理解宝宝，抱抱他、别说话。一个行为不当的宝宝，他最想说的话是："妈妈，求求你爱我！"哭闹时的宝宝，看似蛮横无理，其实是脆弱无助的。爸爸妈妈的训斥和说教，无法让宝宝感受到爱和安全感。尤其是当爸爸妈妈说："因为有小宝宝，所以不能抱你"这类语言时，不仅无法安慰宝宝，而且会让他嫉妒未出世的弟弟或妹妹。爸爸妈妈可以抱抱宝宝，用温柔的眼睛注视着他，用你最大的耐心陪伴着他，告诉他"不管怎样，爸爸妈妈都爱你！"

第二，在宝宝好一点儿的时候，和他共情。当宝宝的哭闹声减弱、紧绷的身体慢慢放松的时候，爸爸妈妈依然抱着他。一方面，温柔地跟他共情："宝宝，你刚才觉得很难过、很烦躁，这都是正常的，妈妈没人陪的时候，也会有这样的感觉。"另一方面，试着理解他的心情："宝宝这么难过，是不是因为妈妈陪你玩得太少了？你想要让妈妈多陪你玩，是吗？"

第三，宝宝平静下来之后，再解决问题。提前给宝宝准备"老大的礼物"，比如，他喜欢玩偶，爸爸妈妈可以买4个，分别代表爸爸、妈妈、老大和老二，还可以邀请老大参与妈妈的产检，提升他作为哥哥或姐姐的自豪感。当他心情特别好的时候，再跟他回顾之前发生的事情，询问他的想法："宝贝，你希望妈妈用什么方式来陪你玩耍呢？是一起讲故事，还是一起唱歌呢？"你的耐心和好奇心，一定能让宝宝感受到你的尊重和爱。

2. 宝宝喜爱的小动物死了，怎么对宝宝进行生命教育？

雯雯家养了两条小金鱼，她特别喜欢，每天都要跟小金鱼说半个小时的话，隔一阵子就会去看看小金鱼。有一天，她发现自己居然能够抓住滑溜溜的小金鱼，开心极了，她抓着小金鱼满屋子溜达。雯雯妈妈发现的时候，惊愕地说："快把鱼放回水里去！"宝宝被吓得一下把鱼扔到了地上。这条小金鱼死了。妈妈不知道该怎么跟雯雯说，毕竟宝宝也不知道金鱼是不能抓的，更不知道生命是这样脆弱。于是，妈妈跟雯雯说："小金鱼死了，我们再也见不到它了。"然后，妈妈把小金鱼冲进了马桶里。雯雯懵懂地看着小金鱼被冲走，喃喃地说："小金鱼。"可是，妈妈觉得对宝宝的生命教育应该不止于此。宝宝需要生命教育吗？他们是不是长大了自然就知道了？爸爸妈妈怎么对宝宝进行生命教育呢？

（1）为什么要对宝宝进行生命教育？

一方面，了解生老病死是宝宝认知发展中必经的阶段。如此重要的价值观输入和影响，应当由爸爸妈妈来进行，而非宝宝从他人口中或其他渠道得知。否则，宝宝获得的知识和价值观有偏颇甚至是错误的话，爸爸妈妈可能很难扭转宝宝已形成的认知。

另一方面，理解生命和死亡是宝宝学会敬畏生命的重要基础。爸爸妈妈对宝宝进行生命教育，不是为了吓唬他，更不是为了回答他的十万个为什么，而是教会宝宝敬畏生命、好好活着。对生命的敬畏并不会随着年龄的增长而自发产生，反而年龄越小的宝宝有更好的同理心和同情心，更容易感同身受。

（2）怎么回答宝宝关于生命、死亡的问题？

第一，"妈妈，什么是死？"从语言描述上，当爸爸妈妈对宝宝描述"死亡"时，不要用那些隐晦的比喻，比如："小金鱼睡着了。"这样会让宝宝联想到自己每天睡觉的行为，会让宝宝担心自己会不会也像小金鱼一样"睡着了"。爸爸妈妈可以提供更加具体的描述，比如可以说："××死了，她不能再呼吸、吃饭、走路、说话了。"这个阶段的宝宝对基本生存需求非常明白，这样的解释更容易让他们理解和接受。从行为方式上，爸爸妈妈可以与宝宝一起举行一个关于××死亡的仪式，比如"小金鱼的葬礼"。爸爸妈妈和宝宝一起，感谢小金鱼和我们共度的美好时光，郑重地埋葬、告别小金鱼。一场简单的告别仪式，宝宝也许并不能彻底了解生命，但远比我们苍白的语言要有影响力。

第二，"妈妈，你什么时候死？"学龄前的宝宝问这个问题，通常是因为不理解"死亡"的真实含义。一方面，宝宝可能认为"死亡"只是暂时的，就好像动画片里的人物，永远不会真正地死亡；另一方面，宝宝可能在担心：妈妈死后，谁会来照顾自己？爸爸妈妈可以回应宝宝："妈妈还会活很久很久，妈妈会等到你长大了，有了自己的家庭和宝宝后，甚至更久以后才会死。"死亡这个话题的讨论，归根到底是生命教育，只有爸爸妈妈真的可以接纳生命是有始有终的，才能更坦然地面对宝宝的这些问题。

3. 一定要给宝宝过生日吗？3岁生日怎么过才有意义？

你会给宝宝过生日吗？

A. 会
B. 不会
C. 不一定，想起来就过

你的选择是：_____

再过几天，就是辉辉的3岁生日了，辉辉很是期待这个象征着自己"长大了"的重要日子。妈妈询问了一些朋友，在网上也搜索了给宝宝过生日的方式，然后陷入了选择困难。有的妈妈给宝宝过生日，会请一大群小朋友到家里来庆祝；有的妈妈给宝宝过生日，会在高档的儿童会所举办一场华丽梦幻的生日派对；还有的妈妈建议"不要给小宝宝过生日"，因为他们根本就记不得，而且铺张浪费……辉辉妈妈觉得每一个妈妈选择的方式都有一定的道理。那宝宝到底需不需要过生日，以及是否有必要过各种各样、层出不穷的节日呢？怎么过生日才有意义？

（1）宝宝需不需要过生日、圣诞节、儿童节呢？

第一，从家庭的角度看，全家人对生日、纪念日等节日是否有文化和价值认同。大多数家庭对"过生日"和"儿童节"的接受度相对较高，但对于一些西方节日和某些中国传统节日，大部分家庭都持"可过可不过"的态度，少部分家庭则是"坚决不过"。如果家庭对某些节日不接受或不重视，那么勉强给宝宝过，也很难让宝宝体会到特殊日子的重要性和欢愉感。节日时的家庭氛围、家人对节日的重视度在很大程度上决定着宝宝能否从这些特殊日子中获得欢乐。家庭认为重要的值得过的生日、节日、纪念日，就可以和宝宝一起过。

第二，从宝宝成长的角度看，仪式感能够教给宝宝一种幸福的能力，在宝宝心中留下成长的印迹。爸爸妈妈在日复一日的操劳中，花点心思制造仪式，期待着家人惊喜的眼神，这就是在表达对彼此的爱。宝宝会从中明白：生活不可能每天都很精彩，但总有一些特殊的时刻值得期待、值得用心对待。仪式感，本身就是一种幸福。当宝宝期待过或者是爸爸妈妈觉得宝宝可能会愿意过的生日、节日，就可以和宝宝一起过。

（2）宝宝的生日怎么过才更有意义呢？

第一，提前和宝宝一起探寻这个"日子"的特殊意义。比如，宝宝的生日对家庭来说意味着什么，对宝宝而言又意味着什么？爸爸妈妈可以提前和宝宝一起发现、探索，找出"吃蛋糕"背后的意义，比如宝宝出生这些年给爸爸妈妈、给家庭带来的变化，宝宝在过去这一年获得了怎样的成长等。

第二，仪式感存在的形式，是爸爸妈妈和宝宝感到幸福的形式。奢华梦幻的生日宴会并不一定会给爸爸妈妈和宝宝带来最大的幸福。就拿爷爷奶奶儿时过生日的情形来说，爷爷奶奶每年只有在生日的那一天才能吃上鸡蛋和白面条，现在看来那是多么简单的生日啊，可就是这简单的生日却让当年的爷爷奶奶感受到了浓浓的幸福。生日的仪式，最重要的是让宝宝感受到爸爸妈妈的用心和重视，而不在于花了多少金钱、请了多少亲戚朋友。

第三，按照家庭传统和宝宝兴趣准备生日仪式。比如，全家人一起吃团圆饭；爸爸妈妈给宝宝写一封信；爸爸妈妈带宝宝去一趟他梦寐以求的儿童乐园；全家人照一套生日纪念照、全家福；全家人一起整理家庭相册等。这些都是值得宝宝期待和爸爸妈妈精心准备的生日仪式。

你还记得自己小时候的生日愿望吗？你实现了吗？

小练习：

1. 你愿意画一幅画帮助宝宝理解生命吗？

2. 你打算做些什么帮助宝宝理解特殊日子呢？

爸爸妈妈帮助宝宝建立仪式感记录表

爸爸妈妈打算做什么	爸爸妈妈如何跟宝宝沟通	宝宝的反馈

第七章
习惯性格篇

即使是最好的儿童，如果生活在组织不好的集体里，也会很快变成一群小野兽。

——马卡连柯

本章主要介绍了如何培养宝宝的性格习惯。从如何让宝宝有耐心、如何培养宝宝的创新力、如何让宝宝更加勇敢自信等方面，分析并总结了 15 个重要的痛点问题，帮助父母为宝宝创造一个安全可探索的自由环境，静待花开。

第一节 培养一个有耐心的宝宝，从现在开始就刚好

来热身啦

在你的心目中，宝宝投入一件事情的时间是多久才算有耐心呢？

A. 5 分钟

B. 10～15 分钟

C. 20 分钟以上

你的选择是：_____

关于培养孩子的耐心，你最想了解哪些问题？
- 1. 宝宝为什么没有耐心呢？
- 2. 如何培养宝宝的耐心呢？
- 3. 耐心就是专注力吗？
- 4. 如何保护宝宝的专注力呢？

1. 宝宝为什么没有耐心呢?

去年春节,豆豆妈妈带着豆豆回到老家。自从有了豆豆之后,她格外关注亲戚家的小朋友们。没几天工夫,豆豆妈妈就发现小朋友们有一个共同的问题:没有耐心。2岁的宝宝玩玩具,没两分钟就不想玩了;7岁的宝宝写作业,没过一会儿就不想写了;10岁的宝宝学钢琴,没弹几分钟就不想练了。豆豆妈妈有点焦虑,宝宝们为什么这么没有耐心呢?现在豆豆在吃奶的时候就会玩妈妈的头发或者用小手扯妈妈的衣服,将来会不会也成为没有耐心的宝宝呢?

宝宝为什么没有耐心呢?简单来说,宝宝可能根本不知道什么是耐心,因为他们从来没有感受过耐心。父母是宝宝的第一任老师,家庭是宝宝的第一个学堂,宝宝应当从家庭、父母身上习得耐心。但在小时候,爸爸妈妈和宝宝的互动通常是匆匆忙忙的。比如,换尿布的时候,扯起宝宝的小肉腿,闷头就干,麻利迅速;给宝宝换衣服的时候,迅速塞好四肢,越快越好;出门的时候,风风火火抱上宝宝就走。从来没有体会过耐心的宝宝,长大后也很难了解什么是耐心,更别提做到有耐心了。

很多人认为教育是书本知识的学习,殊不知,在陪伴宝宝洗澡、刷牙、穿衣的过程中同样是教育。

场景一:A宝宝被大人拖拽着双手,强按住套上了连体服。

场景二:B宝宝看着大人的脸和眼睛,随后听到一个温和的声音:"我要给你穿上衣服了。"随即移动宝宝的身体,每一次宝宝都能听到温柔的预告。

A 宝宝和 B 宝宝,哪一个感受更好呢?

19 世纪伟大的批判主义作家巴尔扎克曾经说过:"人的全部本领无非是耐心和时间的混合物。"或许,父母对待宝宝的态度是宝宝学习"耐心"的最好途径。

2. 如何培养宝宝的耐心呢?

你认为培养宝宝耐心的方法是什么?

A. 父母参加专业课程学习训练班
B. 给宝宝报早教班做专业训练
C. 孩子太小没办法培养

你的选择是:_____

我们常常把这个问题想得非常复杂,其实培养宝宝的耐心非常简单:等待宝宝 5 秒钟。

从行为上来说,从婴儿时期开始,爸爸妈妈跟宝宝互动时,在告诉宝宝接下来要发生什么事情之后,最好给宝宝一定的时间来消化你说的话,并且让他做好准备。比如,当你说"我要把你抱起来啦!"之后,给宝宝几秒钟的时间等待他去接收信息并做出反应。这样宝宝不仅会努力地配合你,而且能够从中感受到你的爱、你的耐心以及你给予他的极大的尊重。

闭上眼睛试想一下，如果有一天，你一觉醒来突然发现自己无法随意支配自己的身体，你努力地转动头部却只能看到朦胧的光影，你努力地挥动双手却不能准确触碰自己的脸颊，你努力想说话却只能发出"啊啊"的声音。你感觉肚子很饿，张开嘴却只能发出哭泣的声音。随后是香甜的乳汁满足饥饿，温暖的怀抱进入睡眠。有人说："在婴儿的世界中，他们感知到的时间，是从感觉到需求到满足需求的间隔。"婴儿对时间的认知与成年人不同。

从理念上来说，爸爸妈妈可以把刚出生的宝宝看作一个尚未运营成熟的"软件"，反应速度和识别速度都有点慢，每次启动都需要一定的时间。如果爸爸妈妈说话、动作过快，这个"软件"可能就会有点卡或停止不动。而在你们的耐心等待之后，"软件"就会继续运行了。在这等待的5秒钟里，爸爸妈妈可以观察宝宝挤眉弄眼的小表情、手舞足蹈的小动作、眨巴眨巴的大眼睛……不知不觉中，爸爸妈妈会变得更有耐心，更有助于培养耐心的宝宝。

放学的时候到了，宝宝们需要穿上外套准备回家，门口等待接孩子的父母总是催促："快穿，快穿，那是左边！穿反了！"然后不等孩子反应，一个箭步上前，抢过孩子手里的外套迅速套上，再夺过孩子手里的书包背在自己肩头，牵起孩子就走，完全没有注意孩子茫然无措的目光。时间不等人，却可以等孩子，花时间向孩子预告，通过预告来表达我们的爱。创造等待时间，并把权利交给孩子，试着说："等你准备好了，再来找我。"我们给予宝宝的耐心会让他在成长过程中学习到耐心这一项技能。

3. 耐心就是专注力吗？

在你的心目中，应该在孩子多大的时候开始培养专注力？

A. 0～1岁
B. 2～6岁
C. 6岁以上

你的选择是：_____

豆豆妈妈特别关注各类育儿知识，尤其重视宝宝专注力的培养。她总是听身边的人讲，孩子上学以后根本坐不住板凳；上课的时候根本不注意听讲，一会儿削铅笔、一会儿抠橡皮、一会儿看窗外的飞鸟。老师课堂上讲了什么根本没听进去，可想而知学习成绩也不理想。豆豆妈妈把听到的孩子的这种行为归结为专注力差。她一直都知道：不要打扰宝宝就是对他专注力的培养。但是她也很困惑，像豆豆这样刚出生几个月的小宝宝有专注力吗？爸爸妈妈怎么做才能保护小宝宝的专注力呢？

其实，宝宝从婴儿时期开始，就有自己的专注力。宝宝除了饿了会吃、困了会睡、难受了会哭的本能之外，还有自主探索世界、自我成长的本能。而成人的过多参与，不但不能促进宝宝自主探索本能的发展，而且随着成人不断地援之以手、扰之以口，宝宝的这些本能反而会慢慢退化，直至消失。

想象这样一个场景：3个月的A宝宝正在非常努力地想要用自己的小手抓一个玩具毛球时，妈妈一个健步冲上来，快速抓起毛球塞到宝宝手里。我们认为对孩子的帮助真的是孩子需要的吗？长此以往，宝宝会产生什么样的感受呢？"我没什么能力，我想要的东西、想实现的动作，全得靠爸爸妈妈帮忙才能实现。"

4. 如何保护宝宝的专注力呢？

答案只有两个字——观察，也就是专注地看。

从宝宝的发展规律来看，自他出生起，爸爸妈妈就可以进行观察，如果持续得好，那等宝宝到1岁、2岁、3岁时，他将会拥有强大的安全感、独立性、专注力和自信心。

观察可以得到什么好处呢？

总的来说：观察得越多，爸爸妈妈做得越少，宝宝的收获就越多。

第一，宝宝在不被打扰的安静环境中，通常会有两种举动：一是回归内心，探索自己。如果你仔细观察，就会发现，当看到大型玩具的时候，宝宝会高兴得手舞足蹈、可以随着移动的物体转动目光或是非常努力地吃手，尽管他并不能准确地把手放进嘴里。这些举动都是宝宝努力探索自己的过程。二是摒除干扰，自主探索世界。当宝宝不被打扰时，往往对周围的世界充满好奇，努力地抓握玩具、尝试把所有拿到的物品放进嘴里、发出

"啊啊"的声音，不用怀疑，他在探索世界。

第二，爸爸妈妈在观察的过程中，能更了解自己的宝宝，比如，宝宝做出揉眼睛的动作是想睡觉的征兆；如果尿湿了尿布，宝宝会抬起小腿使劲蹬腿；快速来回转头、蹭枕头应该是头有些痒。通过观察我们会更加理解宝宝的行为语言，而不是靠"猜测"来了解。

第三，爸爸妈妈在观察时，可以极大地放松自己，暂时忘掉未完成的工作、待回复的客户信息、需要加购的纸尿裤，专心地观察，享受为人父母的快乐。

第四，一段时间后，你会惊奇地发现宝宝养成了自主玩耍的习惯，而且父母专注地观察是教会孩子专注的最有效的方法。

时间不等人，但是可以等孩子。不要急着"打扰"孩子，在确保安全的环境下等待和观察，你会发现当通过自己的努力得到满足时，宝宝兴奋的目光。无关乎宝宝的年龄与性别，那闪烁着满足的目光是一个小生命在最初时刻里价值感的获得，是将来拥有强大的安全感、独立性、专注力和自信心的原始凭证。反之，在小宝宝的时候不断地打扰和干涉，入学之后会变本加厉，紧张的晨起时光充斥着催促与抱怨，"刷牙太慢！""快点穿衣服，扣个扣子有那么难吗？""再不走就迟到了，让全班同学笑话你！"

孩子放学的时间，有两个家长在聊天，一位妈妈诉苦到，他们夫妻每天上演网络视频中出现的辅导作业"名场面"，妈妈拍桌子拍到手骨折，爸爸吼孩子吼到血压飙升，孩子则将辅导作业的父母形容成"混合双打"的世界冠军。每天的作业时间都是鸡飞狗跳的混合大战。

当我们抱怨孩子磨蹭、不专注、行动力差的时候，或许我们应该思考一下，不断打扰孩子的举动会让孩子内心有什么感受呢？

A. 我是一个能力差的坏宝宝
B. 回想起作业时光总是有爸爸妈妈的指责
C. 我做任何事情都需要爸爸妈妈的帮助才能完成

无疑，ABC 全选。现在改变还来得及吗？答案一定是肯定的。用"观察"来实现"不打扰"，让宝宝有探索自己内心和外部世界的机会与时间，保护好孩子的专注力。

亲爱的爸爸妈妈，从现在开始，给自己 5 分钟，什么事情都不要做，只是静下心去观察你的宝宝，看看他能带给你什么惊喜，看看你的宝宝，是不是也是一个专注自信的小超人？

小练习：

看完这篇文章，放下书本，认真地回想一下：
1. 自己每天有多长时间和宝宝进行眼神沟通呢？
A. 经常
B. 偶尔
C. 从不
2. 你认为用爱的眼神去注视宝宝的眼睛，会带给宝宝什么感受呢？

爸爸妈妈与宝宝的眼神沟通记录表

爸爸妈妈观察的时间	与宝宝眼神沟通的时长	观察到宝宝的状态

第二节　培养孩子的创新力，多久才算早

来热身啦

在你的心目中，宝宝多大时可以培养创新力？

A. 0～6 岁
B. 6～12 岁
C. 12 岁以上

你的选择是：_____

关于培养孩子的创新力，你最想了解哪些问题？
- 1. 培养宝宝的创新力，应该从什么时候开始？
- 2. 父母怎样培养宝宝的创新力？
- 3. 犯错和创新有什么关系？
- 4. 错误是学习的好机会吗？

1. 培养宝宝的创新力，应该从什么时候开始？

二宝妈妈莹莹最近有点苦恼，班主任跟她谈心的时候，提到四年级的儿子总是循规蹈矩，缺少青少年天马行空的想象力，创新力有待提高。莹莹在和班主任沟通的同时，也开始反思自己的教育方法，并且很是忧心不到1岁的女儿会不会也缺乏创新力。四年级的儿子现在培养创新力还来得及吗？培养宝宝的创新力，到底应该从什么时候开始？从哪儿入手培养？什么时候才能见成果？这些问题一直困扰着莹莹，使她陷入焦虑。

很多爸爸妈妈没有意识到，宝宝天生就具有想象力，这正是未来具有创新力的必要条件。宝宝可以从一堆杂乱的线条画中，抽离出苹果、小鸭子等形象，可以把一个破纸片看作是怪兽或是公主，玩得津津有味。因此，从婴儿时期就可以培养宝宝的创新力，但这是一个漫长的过程。

"什么？婴儿时期就可以培养宝宝的创新力？"莹莹很惊讶，也有很多爸爸妈妈发出了惊疑声。家长认为小宝宝只是淘气爱玩闹，谈不上创新力。

其实不然。如果家长细心一点认真观察孩子玩耍的过程，你会发现孩子有很多奇思妙想。比如，宝宝会打开一本书，举到头顶，然后说"帽子"；宝宝会拿起一根香蕉瞄准，当射击用的手枪；宝宝会用澡盆里的香皂盒当小船，在浴盆里乘风破浪。而这些就是宝宝具有创新力的表现。

2. 父母怎样培养宝宝的创新力?

你认为培养宝宝创新力的方法是什么?

A. 父母参加专业课程学习训练班
B. 给宝宝报早教班做专业训练
C. 孩子太小没办法培养

你的选择是:_____

爸爸妈妈可以先回想一下,家里有没有过以下场景:

宝宝拿着绘本上的苹果贴纸,刚想要往湖水图案上贴,妈妈赶紧说:"宝宝,这个是要贴在树上的。"

给宝宝买了一张可以敲的木琴,他刚发现小汽车可以在琴上走,发出不同的声音,妈妈赶紧说:"宝宝,这个琴是用小木棒敲的。"

宝宝拿着乐高就开始啃,妈妈一把抓过来:"宝宝,积木要这样搭高高哟!"这样的例子不胜枚举,几乎每天都在我们身边发生。

宝宝小的时候,每一个玩的物品都是他探索世界的一条独特通道。比如,宝宝在和积木的相处过程中,可以体验的并不仅仅是它的空间几何感,还可以体验木头本身的质感、了解木头和泡沫的区别,体验用木头敲击时发出的声音,是叮叮还是咚咚?体验木头的口感，是甜的还是软的？体验木头的手感，是粗糙的还是光滑的？这些成人也许从未注意的东西，却是宝宝认知世界的重要内容。父母以为错误的，也许恰恰是最正确的选择。

所以，爸爸妈妈要做的很简单：抛开我们成年人的固有思维、遏制自己企图干涉宝宝玩耍的欲望、管住自己的双手和嘴巴、扭转"大人才是对的"这种固有理念，才是培养宝宝创新力的恰当方法。

"什么？管住自己的双手和嘴巴就是培养宝宝创新力的方法？"二宝妈妈莹莹再次发出惊呼。"那看着他把地上的积木吃进嘴里也不管吗？没有细菌吗？不会危险吗？如果我什么都不做只是看着他的话，那还叫亲子时光吗？我可是丢掉自己很多重要的工作特意留出时间陪他玩的呢！"

面对这样一连串的疑问，是不是又有很多爸爸妈妈有相同的感受呢？

当然，培养孩子的任何能力都是建立在他安全的前提下，给孩子提供一个安全的、可探索的环境是爸爸妈妈的首要工作。定期清洗的玩具、圆角的家具、柔软的地垫、塑料安全剪刀、圆头的蜡笔等，都能够有效帮助宝宝自由探索环境。

我们再聊聊亲子时光。高质量的亲子陪伴是放下手机、抛开脑中繁杂的事物，专心投入陪伴孩子，共同完成从事的内容。这与总是下意识地纠正、干扰孩子的行为有本质的区别。所以，当孩子把纸条撕成小怪兽时，我们可以也把纸条撕成他的怪兽的同伴。当他拿起"香蕉手枪"的时候，我们也可以拿起"橘子盾牌"。

多跟孩子说："是的。"然后，尽情想象、天马行空。

3. 犯错和创新有什么关系?

在你的心目中,孩子犯错误和创新有关系吗?

A. 有关系
B. 没有关系
C. 不能确定

你的选择是:_____

最近二宝妈妈莹莹开始认真思考如何培养孩子创新力这件事,在翻阅了很多资料和书籍后,她兴奋地跟身边的同事说:"你知道吗?原来早餐桌上常见的麦片,是有人无意间把稀粥溅到炉子上烤成的!"还有风靡全世界的玩具——溜溜球,以前是打猎工具。而著名的"阿基米德原理"是科学家泡澡时灵光一闪诞生的伟大发现!这太不可思议了。

难道创新和犯错还有关系?
别怀疑,世界上许许多多重要的发明和发现,都是从一些料想不到的意外中得来的!1945年,美国的一位雷达工程师斯彭塞在做实验的过程中,发现装在口袋里的巧克力融化了,起初还以为是自己的体温所致。后来经检查发现,巧克力的融化原来是雷达装置上的磁控管在起作用。于是,斯彭塞博士制作了一个具有能够放入微波能的开口的金属箱子,当放进的食物充入微波能后,食物的温度就会迅速上升,由此一台原始的微波炉就诞生了。1876年6月2日晚,贝尔及他的助手连接好装置后,就各自关在相隔一定距离的两间屋子里,忽然助手听到有人向他求救,其实是贝尔不小心把硫酸溅到了脚上,情急之中就对着话筒喊起来,这居然成了人类使用电话机传送的第一句话。

可见生活中这些无意识犯下的错误,在经过专业知识的梳理下竟成了"发明"。

在《小错误大发明》一书中,编者写道:许多大发明和大发现,最初来自偶然的小错误。误打误撞的发明,其实是执着探索的展现,改变了历史,也改变了人类的生活。这本享有国际盛誉的科普童书告诉孩子:只要留心生活中的小错误,从错误中寻找有价值的东西,就会激发创造潜能,也会成为小小发明家。原来推敲错误本身已迈入发明创造之路。

19世纪著名的英国社会改革家塞缪尔·斯迈尔斯曾经说过:我们从失败中学到的东西要比在成功中学到的东西多得多。

4. 错误是学习的好机会吗?

《正面管教》一书中提到,"错误是学习的大好机会"。听到这句话,好像我们对于孩子"犯错"这件事已经没有那么焦虑了。的确,美国儿童心理学家和教育家鲁道夫·德雷克斯说过"完美在现实中从来不存在,只存在于我们的梦想中。"

作为父母,我们总是希望我们的孩子是自律、上进、主动学习、文明守礼的完美宝宝。在为人父母以后，我们甚至希望穷尽毕生所学也要把我们知道的、拥有的一切知识、物质产物悉数传递给孩子们。很多人都认为孩子就是我们生命的延续，孩子不仅要从我们身上"去其糟粕，取其精华"，还要了解我们了解不到的我们未曾实现的梦想，所以我们才会迫不及待地告诉孩子，苹果长在树上而不在湖里、木琴使用木棍敲击而不能用小车、积木用来搭高高而不是放进嘴里。我们害怕自己曾经犯过的错再在孩子身上重演一遍，直接告诉他们正确的做法而不给他们任何探索的机会。

《哈利·波特》系列的作者J. K. 罗琳，在成功之前也曾经非常害怕失败。她发现自己遇到了一系列的挫折，其中包括财政困难、关系危机与求职遭拒。后来，她写出了广受欢迎的魔法学校的故事，并因此获得了巨大的成功。这时她才发现，说来也怪，是失败驱使她找到了前所未有的成功。

香港教育学院心理学研究教授摩奴·卡普尔一直致力于"有价值的失败"的研究。他的研究表明，给予学生时间去努力解决问题，与明确告诉学生怎样解题的显性教学两者相比，前者能够帮助学生更好地理解问题，更好地把这次通过苦苦思索学到的内容应用在以后的学习中。

告诉孩子，错误是学习的好机会，本身就是一种进步与创新。专注于在犯错之后如何解决问题，并从错误中学习经验，再遇到相似的问题该如何解决一直是爸爸妈妈要帮助孩子的事情。

小练习：

看完这篇文章，放下书本，认真地回想一下：

1. 你有没有认为孩子的那些行为是"犯错"呢？
_____
_____

2. 你觉得孩子在犯错中应该学到什么呢？
_____
_____

3. 你是用什么方式跟孩子交流这次错误的学习成果的？
_____
_____

4. 你认为宝宝犯错的行为是：
_____
_____

5. 你认为宝宝应该从中学习到：
_____
_____

6. 你是如何与孩子沟通和达成学习目的的？
_____
_____

第三节　宝宝太胆小，玄妙的安全感到底从哪儿来

> 来热身啦

你认为自己的宝宝是一个胆小的孩子吗？

A. 是
B. 不是
C. 不确定

你的选择是：_____

关于宝宝胆小，你最想了解哪些问题？
- 1. 宝宝怕黑，如何帮助宝宝克服恐惧心理呢？
- 2. 宝宝到了陌生环境就害怕，爸爸妈妈应该怎么办？
- 3. 怎样做能更有效地帮助宝宝建立安全感呢？
- 4. 爸爸妈妈如何帮助宝宝建立自信呢？

1. 宝宝怕黑，如何帮助宝宝克服恐惧心理呢？

玲玲妈妈遇到了一件困惑的事情：最近一段时间，在晚上准备睡觉的时候，玲玲不肯让妈妈关灯，只要一关灯，她就号啕大哭，灯一开就眉开眼笑。周末带玲玲出去玩，只要天色稍暗，哪怕是被妈妈抱着，她都会一直哭个不停。宝宝为什么怕黑呢？怎么才能帮助宝宝克服恐惧呢？

（1）宝宝为什么怕黑？

一方面，著名瑞士心理学家荣格提出：怕黑可能源自人类自我保护的本能。环境变得黑暗之后，宝宝对黑暗中的一切产生了不确定感，自身的安全感也大幅降低。怕黑能够使宝宝采取更安全、更慎重和更有益的方式协调自己与黑暗环境的关系。不敢进黑暗房间等躲避未知事物、环境的行为，是宝宝自我保护并寻求安全感的一种策略。

另一方面，怕黑可能是受到外界的影响，比如，家人可能会在平常宝宝哭的时候恐吓他："宝宝不哭！再哭晚上就有大灰狼来抓你啦！"这会使情绪尚不稳定的宝宝长期处于紧张状态，一到天黑就担心大灰狼来抓自己。

（2）爸爸妈妈如何帮助宝宝克服恐惧心理呢？

第一，爸爸妈妈正确认识宝宝的恐惧心理和怕黑现象。害怕、恐惧几乎是每个宝宝在心理发育过程中都会出现的心理活动状态，宝宝害怕的对象会随年龄的变化而有所不同。瑞士心理学家皮亚杰认为：宝宝怕黑是因为他的大脑有了初步的智慧。到了感知运动这个阶段，随着感知能力的增强，智力也开始探索未知，并创造幻想。

第二，理解宝宝的恐惧，避免给宝宝贴上"胆小"的标签。爸爸妈妈对宝宝怕黑的情况表示真诚的理解，可以告诉宝宝："我小时候也和你一样怕黑，但是有爸爸妈妈的陪伴，我会感觉好很多呢！"请避免当着宝宝的面说他胆小。

第三，给宝宝一些"保护"，提升宝宝的安全感。当宝宝表现出怕黑的行为时，爸爸妈妈应降低焦虑，给予宝宝爱抚和拥抱，可以让宝宝感到安心和安全，从而放松紧张的身心，降低恐惧感。

2. 宝宝到了陌生环境就害怕，爸爸妈妈应该怎么办？

你家的宝宝有一到陌生环境就害怕的情况吗？

A. 有
B. 没有

你的选择是：＿＿＿＿＿＿＿＿

春节期间，悠悠妈妈带着悠悠回老家，热情好客的亲戚们纷纷邀请悠悠到家里做客。悠悠妈妈带着悠悠去姑姑家，刚开门，悠悠就放声大哭，挺着身体表示反抗，抓着门框坚决不肯进门。

妈妈尴尬极了,只好跟姑姑连声抱歉,解释道:"悠悠可能有点认生。"宝宝为什么到了陌生环境会感到害怕?爸爸妈妈怎么做才能让宝宝顺利进入陌生的环境呢?

(1)宝宝为什么不想到陌生的环境中去呢?

第一,陌生的环境及其中的陌生人对宝宝的安全感是一种挑战。由于对未知环境的不确定性,宝宝自然会做出高度警惕的行为,本能地想要逃避。

第二,爸爸妈妈的催促和抱怨,会让宝宝的神经高度紧张。宝宝的大脑不仅要处理与陌生环境之间的关系,还要抵抗爸爸妈妈的行为,当宝宝无法处理这么复杂的事情时,就会崩溃大哭。

(2)爸爸妈妈怎么做才能让宝宝顺利进入陌生的环境呢?

第一,提前告知。爸爸妈妈提前两天告诉宝宝:将在什么时候、和谁一起、去什么地方,那个陌生环境内会有什么吸引他的东西。这样做能够提升宝宝内心的安全感。

第二,给宝宝准备的时间。当宝宝表示"不想进"的时候,爸爸妈妈可以说:"等你准备好了,我们再进去。"爸爸妈妈给予宝宝这样的选择,会让宝宝感到自己的需求被尊重了、自己的感受被认可了,这时宝宝就会放松下来,脱离紧张的状态。

第三,觉察自己的沟通状态。爸爸妈妈在和宝宝沟通的过程中,不仅要从语言上给予宝宝支持,也要从心态上放下尴尬、焦急等心理负担,且要在姿态、表情、眼神、情绪等非语言沟通方式上同步放松,避免宝宝受到我们的影响。

3. 怎样做能更有效地帮助宝宝建立安全感呢？

遇到孩子缺乏安全感时，你是怎么做的？

A. 指责孩子胆小，不勇敢
B. 强制要求宝宝做出勇敢的行为
C. 冷眼不干涉孩子的行为
D. 不知道怎么做

你的选择是：_____

前日，叶叶妈妈第一次来到米来妈妈家庭教育教师认证班。上课期间，叶叶对新环境充满了好奇，这边爬爬，那边摸摸。妈妈和老师就坐在旁边静静地观察叶叶，随着时间的推移，叶叶的情绪开始烦躁，出现了频繁找妈妈的情况。

第一次叶叶来找妈妈时，妈妈说："去玩吧，你看那边有玩具。"一边说着一边用手抱起叶叶调转了她的方向，让她继续探索。没过一会儿，叶叶又爬了回来，妈妈抱了抱她之后，紧接着拿起一个球逗叶叶说："你看！嗖～"她把球远远地扔了出去，想让叶叶去追。为什么叶叶在玩的过程中会不时地找妈妈呢？这是因为叶叶缺乏安全感。

（1）什么是安全感？

安全感是人渴望稳定、安全的心理需求，对于宝宝而言，就是与主要养育人（一般是妈妈）建立安全的依恋关系，这个关系会从出生时开始建立，两三岁时趋于稳定。

（2）为什么宝宝会缺乏安全感？

从生理需求方面来说，是否能感知到"我很安全"、生理需求能否得到及时的满足都将影响宝宝安全感的获得。比如，养育人对宝宝的哭声可及时回应，养育人可以敏锐地辨识出宝宝饿了而给他喂食，养育人及时发现宝宝的尿布湿了而给他换尿布等。

从情感需求方面来说，宝宝在与他人建立关系的过程中，情感上能否得到满足，即能否获得来自父母的爱、尊重、信任等，都会影响宝宝安全感的获得。养育人在护理的过程中，需相信宝宝的能力，邀请他参与到日常的护理活动中来。

（3）如何帮助宝宝建立安全感？

第一，建立高质量的亲子时光。爸爸妈妈陪伴宝宝玩耍或者进行护理时，需全身心地参与并观察宝宝，且及时回应宝宝的需求，比如，当他看向你时，能看到你满含爱意地关注着他，然后你可用缓慢的语速对他说："我看到你在玩球，你很开心。"

第二，与宝宝互动前，进行预告。不熟悉的人和环境会让宝宝产生无助、不安全感，若爸爸妈妈能提前告知宝宝接下来会发生的事情，比如，对1岁以下的宝宝，爸爸妈妈可以在擦嘴或者换尿布之前对他说"我要给你擦嘴了""我要帮你脱下尿不湿了"，宝宝会更轻松地参与进来。

第三，当宝宝安全感不足时，爸爸妈妈需要陪伴、等待，不要急于把他往外推。比如，宝宝在玩耍的过程中一直找妈妈，这时他是需要妈妈给予陪伴和关爱了，等待他汲取能量之后，他会再次主动出发去探索。拥有安全感的宝宝，探索世界的能力较强，从而可促进其大脑的快速发育。

4. 爸爸妈妈如何帮助宝宝建立自信呢？

快3岁的壮壮一旦犯错误，就会受到爸爸严厉地训斥，他很怕爸爸，平时，壮壮爱黏着妈妈，很听妈妈的话，想要玩玩具或想做其他事情的时候，自己躲在一旁，用眼神寻求妈妈的帮助。看到其他正在玩耍的宝宝，他会安静地待在一旁，不敢走近和大家一起玩。壮壮妈妈很担心：壮壮会不会因为爸爸的训斥，变得越来越胆小、越来越没有自信呢？

（1）关于自信心，你了解多少？

通俗意义上讲，自信心是指对自己是否有应付特定情境的能力的评估。对宝宝来说，自信不是与生俱来的，需要父母精心地培养和呵护。充满自信的宝宝会相信自己的能力，乐于尝试和探索新事物。

缺乏自信心，会对宝宝的心理健康产生负面影响。自卑心理会让他害怕结交朋友，妨碍其社交能力的发展。同时，宝宝会对他人的评价十分敏感，疑神疑鬼，长此以往，容易产生抑郁等心理疾病。

（2）爸爸妈妈怎么可以帮助宝宝建立自信呢？

第一，尊重宝宝，与其平等交流，并给予选择的权利。从

2岁起，宝宝就可以开始做选择，比如，爸爸妈妈可以问他是想穿红色的衬衫还是黄色的衬衫。当他的意见得到尊重时，他会感受到自己的力量，他的自尊心和自信心会增强。

第二，相信宝宝的能力，根据其心智发展特征，让他学会照顾自己并学习做家务。这样的机会能让宝宝看到自己的能力，对提高宝宝的自信心有很大的帮助。当宝宝看到他可以依靠自己的力量，成功完成穿衣、刷牙、洗脸、吃饭等活动，并学会做力所能及的家务时，他会愿意进行更多的尝试和探索。

第三，建立合理预期，学会欣赏和鼓励宝宝。宝宝有自己内在的发展动力和节奏，爸爸妈妈需慢下来，给宝宝时间，比如，不要在他刚学会爬时就急着让他走。要知道当宝宝遇到困难、犯错误时，如果听到"你怎么反应这么慢""你怎么这么笨"，他会从父母的负面评价中感受到自己是没有能力的。父母对宝宝的批评指责以及将他与其他宝宝的比较，都是宝宝建立自信心路上的拦路虎。

小练习：

1. 你家宝宝是否也胆小害怕，不敢尝试？

A. 有

B. 没有

2. 你是如何处理的？结果如何？

_____

_____

_____

3. 你有引导孩子突破胆小的案例吗?

_____
_____
_____
_____

爸爸妈妈与宝宝的勇敢沟通记录表

爸爸妈妈观察宝宝的行动	爸爸妈妈沟通的语言	宝宝转化的行动

第四节　妈妈学会放手，宝宝才能学会自信

来热身啦

你认为宝宝是一个自信的宝宝吗？

A. 是
B. 不是
C. 不能确定

你的选择是：_____

关于宝宝的自信心，你最想了解哪些问题？
- 1. 宝宝易受挫，经不起失败怎么办？
- 2. 宝宝犯错了，爸爸妈妈怎么做才能有效处理，又不伤害宝宝的自尊心？
- 3. 宝宝的脾气越来越大，爸爸妈妈怎么能不发火就解决问题呢？

1. 宝宝易受挫，经不起失败怎么办？

淘淘妈妈发现1岁多的淘淘最近出现了新情况：拼积木时，试了几次没对准，就烦躁地放弃尝试了；用勺子吃饭时，试了几次总把汤洒出来，就不肯自己吃饭了……淘淘妈妈很担心，宝宝怎么这么经不起失败呢？只要遭受一点打击，宝宝就不愿意继续尝试了，爸爸妈妈怎么做才能鼓励宝宝呢？

（1）宝宝为什么经不起失败？

从客观条件来看，可能是年龄发展状况，很容易让他产生挫败感，因为无论他怎么努力，都很难实现目标。比如，宝宝的手指精细运动发展程度还不够，提供给他的积木却太小了；宝宝的手部肌肉控制力还不够，提供给他的勺子却太浅了。

从主观因素来看，宝宝在尝试几次后，就不愿意再尝试了，说明宝宝的自信心受到了影响，他对自己的能力不够认可，也并不相信通过自己的努力能够完成目标。如果家人并不能够理解宝宝的心态，对宝宝说"这有什么难的？"可能会让宝宝变得更加不自信。

（2）宝宝在遇到失败时，最希望听到什么样的话呢？

第一，宝宝希望爸爸妈妈看到自己的努力，而不是失败。爸爸妈妈可以用描述性的语句，把我们观察到的宝宝的行为用细节描述出来，让宝宝知道我们在关注他的努力，而不是行为的结果，比如，"妈妈看到宝宝努力用勺子在碗里舀一勺汤。"

第二，宝宝希望得到爸爸妈妈的信任，从爸爸妈妈身上汲取力量。在对宝宝的能力水平有一定了解的基础上，爸爸妈妈发自内心地表达对宝宝的信任，可以帮助宝宝重建自信心，比如，"妈妈相信宝宝会想到新的办法让两个积木变成好朋友。"

2. 宝宝犯错了，爸爸妈妈怎么做才能有效处理，又不伤害宝宝的自尊心？

当宝宝犯错了，你和家人通常怎么做？

A. 严厉批评，跟孩子讲道理，一定要改正错误
B. 哄着说，下次不犯错就奖励
C. 没啥大不了的，长大就知道了
D. 不知道怎么办

你的选择是：_____

中午吃饭的时候，青青用勺子不停地敲着自己的小碗，盛着大半碗汤的小碗晃来晃去。妈妈说："青青，不可以用勺子敲碗，汤会洒出来的。"话音刚落，小碗一下子倒了，汤全部洒在了桌子和青青身上。妈妈脱口而出："跟你说了不能敲、不能敲，你看，汤洒了吧！"青青"哇"的一声，哭了起来。奶奶赶紧拿纸巾给青青擦身上的汤渍，一边说着："青青不哭啊，没关系，奶奶再给青青盛一碗汤啊！"青青哭得更凶了。妈妈很困惑，宝宝

犯错误了,讲道理也哭,哄一哄也哭,到底怎么处理才好?怎么才能让宝宝长记性呢?

(1)宝宝犯错误时,他的感受是怎样的?

在宝宝发现自己犯错误的时候,他会出现内疚的情绪。与高兴、生气等简单情绪相比,内疚是一种相对复杂的高级复合情绪,由于宝宝的神经发育尚未完善,于他而言,复合情绪的识别和处理都比较困难。换句话说,这种突然出现的状况和突如其来的不明情绪,让宝宝很困惑、很难受,所以宝宝会以哭的形式呈现出来。同时他会观察家人的反应来感受这种状况是否严重、感受这种情绪是否可以被接纳。

在爸爸妈妈做出责怪的行为后,宝宝会出现害怕、自责、逃避的情绪。当爸爸妈妈下意识地说"你怎么搞的!""跟你说了多少次了!""怎么这么不听话!"时,宝宝不仅能够感受到自己造成的问题很严重,而且还会感受到自己内疚的情绪是不被接纳的,所以他很害怕爸爸妈妈不爱他,很想要逃避目前的氛围。指责,并不能够让宝宝改正行为、变得更聪明或更长记性,反而会让宝宝变成易逃避责任、不勇于担当的人。

在爸爸妈妈做出娇惯的举动后,宝宝会出现迟疑、犹豫、模糊的情绪。当爸爸妈妈帮助宝宝承担了他的错误时:"宝宝不哭啊!没关系!""妈妈再给你买一个!"宝宝会很奇怪:为什么我犯了错误,还"没关系"?到底错和对有没有明确的界限?下一次,我是不是还可以这么做?娇惯的方式会严重破坏宝宝的边界感。

(2)爸爸妈妈怎么处理,才能有效解决问题又不伤害宝宝的自尊心呢?

第一，积极暂停，平静心情。当宝宝的错误行为发生时，爸爸妈妈一定会出现生气、愤怒等负面情绪，从而做出相应举动。如果宝宝的错误没有造成后续的伤害，爸爸妈妈可以暂时放下对此事的处理，先平复自己的心情，等恢复理性思考后，再继续处理。

第二，修复宝宝的情感创伤。如果爸爸妈妈一气之下，已经说出了让宝宝难过的话语，那么修复宝宝的情感创伤不仅能恢复亲子关系，而且会让宝宝从错误中得到更多的收获。爸爸妈妈可以诚恳地向宝宝道歉："对不起宝贝，妈妈刚才吼你了。"说出宝宝的感受："这让你感到很沮丧，也很难过。"表明自己的态度："我向你表示道歉。"一起解决问题："你愿意和妈妈一起找出解决问题的办法吗？"

第三，和宝宝一起弥补过失和解决问题。对已然发生的错误不回避、不指责，和宝宝一起商量弥补过失和解决问题的方法，让宝宝参与到改正错误的过程中来。比如，宝宝伤害了他人，爸爸妈妈可以和他一起去道歉；宝宝破坏了物品，爸爸妈妈可以和他一起去修复。让宝宝了解错误发生的原因、如何修复、如何避免，体会到"错误是学习的好机会"，远比"让宝宝长教训"重要得多。

3. 宝宝的脾气越来越大，爸爸妈妈怎么能不发火就解决问题呢？

遇到宝宝脾气越来越大时，你会怎么做？

A. 特别烦，也跟着发火

B. 哄宝宝，耐心安抚
C. 当作没看见，放任不管
D. 不知道怎么做

你的选择是：_____

咚咚的爸爸妈妈最近遇到了不小的挑战：咚咚发脾气的次数越来越多，而且他们使什么办法都不管用。每当咚咚躺在地上哭得满脸通红时，爸爸就气不打一处来，妈妈既心疼又无奈。妈妈耐心地跟咚咚讲道理，结果完全不起作用。爸爸狠狠地打他一顿，就管用了三天，第四天咚咚就又恢复了常态。为什么劝也不管用，打也不管用？爸爸妈妈怎么做才能改变宝宝的暴脾气呢？

（1）宝宝的脾气越来越大，到底是谁惯的？

孩子行为习惯的养成有两个重要的影响因素：第一是条件反射，第二是模仿。

从条件反射的角度来说，宝宝提出要求，爸爸妈妈就满足，即使一开始没满足，他只要哭闹，爸爸妈妈就会满足他的要求。这样的条件反射一旦建立，宝宝可能无法接受"被拒绝"，这就是我们通常所说的"把孩子惯坏了"。宝宝认为只要哭闹就可使自己的诉求得到满足，如果没有被满足，那说明自己在爸爸妈妈心中不重要了，爸爸妈妈不爱自己了。

从模仿的角度来说，宝宝是家庭的一面镜子，他照出了爸爸妈妈的样子，如果宝宝有问题，那是他在用"偏差行为"提示爸爸妈妈需要调整和改变了。如果宝宝在哭闹中表现出了暴力行为，那可能是从曾经做出过暴力行为的爸爸妈妈身上模仿而来的。

（2）爸爸妈妈怎么做才能改变宝宝的暴脾气呢？

第一，在宝宝感觉好的时候，建立规则，做好约定。当宝宝心情愉悦的时候，爸爸妈妈可以和宝宝一起建立关于某件事情的规则，并且坚定地遵守。

第二，在宝宝感觉糟糕时，一直陪伴他，不离不弃。当宝宝哭闹不止的时候，爸爸妈妈不必讲道理，也不必发火，更不必生气地走开，而是让宝宝知道，"妈妈知道第一次遵守规则是有点儿难，但是妈妈会一直陪着你。"渡过了最难熬的前几次，就离成功不远了。

第三，爸爸妈妈学会正确的情绪处理方法，为宝宝树立良好的榜样。爸爸妈妈对待事情的态度和处理情绪的方式潜移默化地影响着宝宝的行为方式和性格习惯。心理学家卡尔·荣格曾说："如果我们希望宝宝能有任何改变，那我们应该首先审视并看看我们自己有些什么能变得更好。"

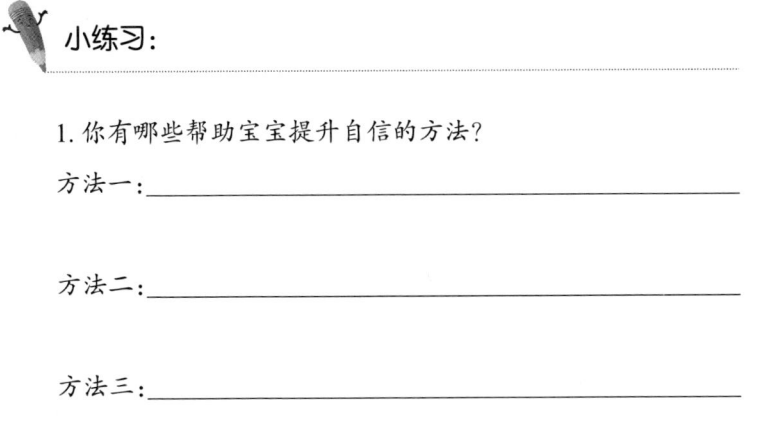

小练习：

1. 你有哪些帮助宝宝提升自信的方法？

方法一：_____

方法二：_____

方法三：_____

2. 你打算做些什么帮助宝宝发展自信呢？

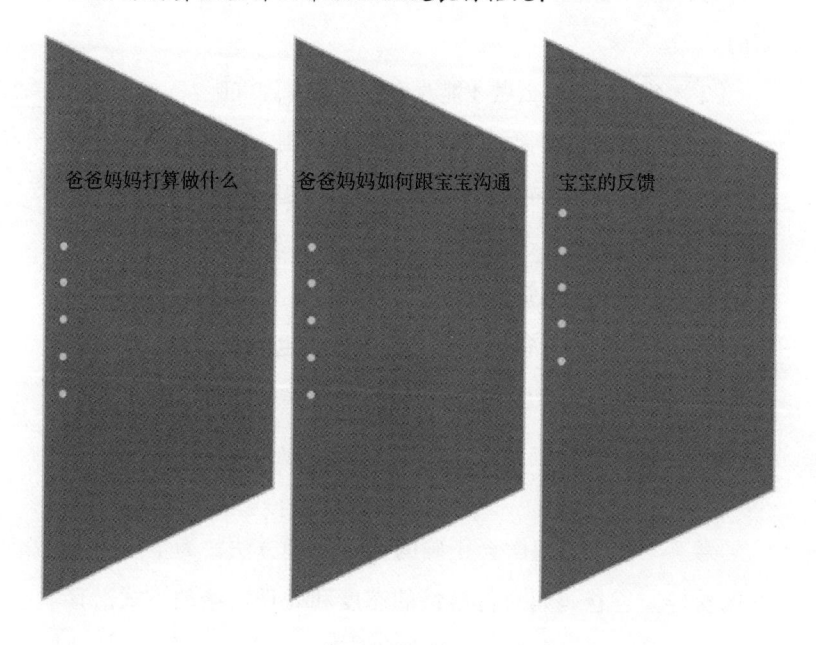

爸爸妈妈打算做什么	爸爸妈妈如何跟宝宝沟通	宝宝的反馈
•	•	•
•	•	•
•	•	•
•	•	•
•	•	

第八章
社交关系篇

　　教育儿童通过周围世界的美，人的关系的美而看到的精神的高尚、善良和诚实，并在此基础上在自己身上确立美的品质。

——苏霍姆林斯基

　　本章主要介绍了社交能力在宝宝成长过程中的重要作用。人与人的关系从出生就开始建立了。面对"宝宝挨打了怎么办？""宝宝不想去幼儿园怎么办？""宝宝被欺负了要教他打回去吗？""高冷宝宝不合群怎么办？"这些重要问题，我们分析和总结了12种原因和对应的解决方法，帮助父母引导宝宝成为社交小能手。

第一节　俩娃出手打架了怎么办

来热身啦

你认为宝宝是一个社交小能手吗?

　　A. 是
　　B. 不是
　　C. 不能确定

你的选择是：＿＿＿＿＿＿＿＿

> 关于宝宝的社交，你最想了解哪些问题?
> - 1. 宝宝互相抢东西，爸爸妈妈该掺和吗?
> - 2. 宝宝被别的小朋友欺负了，怎么教会宝宝保护自己呢?
> - 3. 宝宝不愿意和别的小朋友一起玩，怎么引导呢?

1. 宝宝互相抢东西，爸爸妈妈该掺和吗？

宝宝互相抢东西的时候，你和家人通常怎么做？

A. 严厉要求宝宝把玩具分享给别人
B. 哄宝宝给别人，自己再给宝宝买
C. 抱起宝宝就走
D. 不知道怎么办

你的选择是：＿＿＿＿＿＿＿＿

六六和轩轩是小区里的邻居。一天下午，六六正在玩爸爸新买的电动小狗，轩轩看到后，径直走了过去，一把就把电动小狗抱在了自己的怀里，六六"哇"的一声就哭了。正在聊天的六六奶奶和轩轩奶奶赶紧过去打圆场："六六给轩轩玩一会儿，轩轩就还给你了！""轩轩，快把六六的小狗还给她！"结果，轩轩也哇哇大哭了起来。晚上回到家，六六的爸爸妈妈听说了这件事情，跟奶奶说："宝宝们的事情，下次就让他们自己解决吧！"宝宝互相抢东西，家长到底该掺和吗？怎么掺和才是正确的解决方式呢？

（1）宝宝相互之间抢东西，爸爸妈妈采取不同的处理方式，会对他们产生什么影响？

第一种方式：先教育被抢玩具的宝宝要学会分享。在宝宝们争夺玩具的时候，最常见的场景就是爸爸妈妈碍于面子，劝说被抢玩具的宝宝"大方点儿，小朋友玩一会儿就还给你了，没事儿的啊。"当爸爸妈妈轻描淡写地说出"没事儿"时，会让宝宝认为自己心目中很重要的东西对爸爸妈妈来说不重要，自己的难过、委屈都是不被接纳的。总是被这样对待的宝宝，他们很容易在人际冲突中失去反击的勇气。

第二种方式：先哄哭了的宝宝，谁哭谁得到玩具。宝宝们争夺玩具，常常会伴随着哭泣，爸爸妈妈有时会以其中一个宝宝的"哭"为解决问题的着手点，如果其中一个宝宝哭了，没哭的宝宝要主动地"让"着哭泣的宝宝。如果哭了的宝宝得到了物品，宝宝会知道"哭"是一种获取物品的手段，从而经常使用。而没有得到物品的宝宝，他的内心则会充满了委屈。

（2）爸爸妈妈该如何正确处理宝宝之间抢东西的行为呢？

第一，3岁以前的宝宝，爸爸妈妈不做旁观者。有时，我们会认为"孩子的问题，让孩子自己去解决，大人不要过多干涉。"但对于1岁多的小宝宝，由于语言表达和社交水平的局限性，尚不具备妥善解决问题的能力，虽然爸爸妈妈不必过度干涉，但是如果爸爸妈妈不给予适当的引导，会让宝宝感到恐慌和不安。

第二，当宝宝被"抢"时，爸爸妈妈要保护宝宝的尊严和物品，帮助宝宝树立物权意识。宝宝的心爱之物被抢走时，他的内心充满着委屈、难过、疑惑和愤怒。爸爸妈妈可以带着宝宝一起温和而坚定地要回宝宝的玩具，让宝宝知道，我们能够凭借自己的力量，很好地保护我们自己的权益。

第三，当宝宝"抢别人"时，爸爸妈妈引导宝宝用语言表达,并提前给他做好心理建设。宝宝抢了别人的玩具,爸爸妈妈首先要理解宝宝想玩的心情,但要明确地告诉宝宝这是别人的,不是他的。然后带着宝宝一起物归原主。谁的东西归谁,这是人际关系中最起码的界限。爸爸妈妈还可以告诉宝宝,如果他想玩其他小朋友的玩具,可以用语言表达:"哥哥,我可以玩你的小汽车吗?"或者可以用交换的方式换取玩具,与此同时要提醒宝宝:哥哥有可能同意,也有可能拒绝,这都是正常的。建立人际交往之间的界限意识,有助于宝宝真正地学会尊重他人、尊重自己。

2. 宝宝被别的小朋友欺负了,怎么教会宝宝保护自己呢?

遇到宝宝被别的小朋友欺负了,你会怎么做?

A. 特别生气,立刻替宝宝讨回公道
B. 哄宝宝原谅对方
C. 冷眼不管,让宝宝自己解决
D. 不知道怎么做

你的选择是:＿＿＿＿＿＿

腾腾和一群小朋友在小区里玩耍,在腾腾正准备爬台阶的时候,一个3岁多的小男孩突然跑过来一把推倒了腾腾,自己爬到台阶上去了。腾腾"哇"的一声哭了起来，又伤心又委屈。小男孩的妈妈赶快过来道歉，腾腾却仍然窝在妈妈的怀里伤心不止。其实腾腾并不是第一次被这个小男孩欺负了，腾腾的脸上、手上时不时都有一些抓痕。妈妈很担心：宝宝总被别的小朋友欺负，会不会给他留下心理阴影？怎么做才能教会宝宝保护自己呢？

（1）什么情况是宝宝被欺负了？

第一，从对方的年龄上区分，3岁以下同龄宝宝相互之间发生"打"或"推"的行为，大多是因为他们的运动系统发育不成熟、无法控制轻重导致的。很多时候，他们只是想善意地跟对方打个招呼或抱抱，并不是存心要欺负人。如果双方年龄相差悬殊，那大宝宝更可能是出于防范、占有、显示自己强大等心理而故意伤害小宝宝。

第二，从对方的面部表情区分，如果对方笑得特别开心，跑过来推了宝宝一把，那他很可能只是想来打个招呼。如果表情不太友善，很大可能就是故意伤害、欺凌了。

第三，从自己宝宝的反应来看，由于宝宝的先天性格、所处的年龄段和敏感期、家庭环境和氛围等因素的不同，被欺负后的反应也不尽相同。有的宝宝被抢了玩具、轻推了一把时，感受并不特别强烈，可继续心情愉悦地玩耍，那对这个宝宝来说，他没觉得自己受到了欺负。有的宝宝会哭得特别伤心，感觉受到了极大的伤害，那么对这个宝宝而言，他就是受到欺负了。

（2）爸爸妈妈如何教会宝宝保护自己？

第一，鼎力支持，帮助宝宝培养强大的内心。无论发生了什么事情，爸爸妈妈都是宝宝最强大的支持者。宝宝之间的打闹，很难界定清晰谁对谁错，即使是看起来有错的宝宝，也需要爸爸妈妈的支持。爸爸妈妈要让宝宝知道："爸爸妈妈很爱你，无条件支持你。"有了爸爸妈妈的支持，宝宝就能勇敢地向施暴者说"不"，就能勇敢地面对自己的弱点和错误。

第二，情景重现，教会宝宝自我保护的实际办法。爸爸妈妈可以通过游戏、角色扮演等方式，教会宝宝一些简单且实用的自我保护技巧，其中最重要的是在遭遇欺负时，大声地说出自己的感受。爸爸妈妈可以教宝宝：一旦被欺负，就第一时间大声喊"你走开！我不喜欢你推我、打我！"然后再向身边的成人寻求帮助。宝宝的大声呼喊能吸引成人和其他小朋友的注意，再"强大"的欺凌者也害怕公众的批判。爸爸妈妈要告诉宝宝："需要帮助并不是丢脸的事情，也不能说明自己弱小，每个人都是在得到帮助和给予帮助中收获成长的。"

3. 宝宝不愿意和别的小朋友一起玩，怎么引导呢？

小区里小朋友们都扎堆玩耍，只有可可不喜欢和其他小朋友一起玩。每次妈妈都耐心地跟可可说："去跟冬冬一起玩吧！""你看秋秋他们玩得多开心！"可可要么远远地看一眼其他小朋友，要么刚跟小朋友们玩了一会儿就又走开了，然后自得其乐地玩着自己的小汽车。妈妈觉得很困惑，为什么可可不愿意和别的小朋友一起玩呢？爸爸妈妈怎么积极引导，才能让宝宝融入同龄人中呢？

（1）为什么有的宝宝不愿意和别的小朋友一起玩？

一方面，宝宝的社交能力发展还没有达到爸爸妈妈期待的水平。从儿童发展特点来讲，2岁多的宝宝和同伴交往，并不能像大人所期待的那样能积极主动地和其他小朋友玩，而是处于平行游戏的状态，即孩子们会在同一个空间内玩耍，但是相互之间几乎没有联系，各玩各的。一般情况下，宝宝到了4岁以后才能真正和玩伴玩到一起。

另一方面，宝宝的性格和家庭环境会对他的社交能力发展有所影响。有的宝宝本身性格较内向，适应新情境的速度就较为缓慢。或因宝宝之前缺少和其他小朋友接触的机会，在和其他小朋友交往时会比较"慢热"。如果爸爸妈妈急于把宝宝"推出去"，反而会让宝宝的安全感降低且对陌生的环境和人产生强烈的反应甚至恐惧心理。

（2）爸爸妈妈如何积极引导，才能帮助宝宝建立友谊呢？

第一，给宝宝提供良好的家庭氛围。宝宝的社会交往能力最初是在家庭里形成的。爸爸妈妈要敢于放手，鼓励宝宝跟家庭成员相处。即使宝宝用含糊不清的语言跟人打招呼，爸爸妈妈也不要打断他，不要替他说话，要鼓励他用自己的能力去表达自己的想法。

第二，尊重宝宝的节奏，接纳他暂时的"不合群"。自我满意的宝宝，才能更自信地融进集体。慢热型的宝宝越被逼着"合群"，常常越反感这件事。爸爸妈妈可以给予宝宝足够的关注、倾听和接纳，采取适合宝宝性格特点的方法，使宝宝按照自己的节奏去适应社会。当宝宝知道父母永远都会接纳他本来的样子时，就不会有压力和焦虑了，自然会尝试脱离父母去与小伙伴一起玩耍。

小练习：

1. 你家宝宝是否也出现过被欺负的情况，你是如何处理的？结果如何？

_____

_____

_____

_____

2. 你打算做些什么来帮助孩子建立良好的社交关系呢？

爸爸妈妈对宝宝社交引导记录表

爸爸妈妈做了哪些准备	爸爸妈妈如何跟宝宝沟通	宝宝行动执行情况

第二节　送孩子去幼儿园是个难题

来热身啦

你有为送孩子去幼儿园而感到焦虑吗？

　　A. 有
　　B. 没有
　　C. 不能确定

你的选择是：_____

关于送宝宝去幼儿园，你最想了解哪些问题？
- 1. 宝宝不会上厕所，什么时候可以开始如厕练习？
- 2. 宝宝快要上幼儿园了，如何能让他对幼儿园生活充满向往？
- 3. 宝宝不想去幼儿园，如何缓解宝宝的入园焦虑？

1. 宝宝不会上厕所，什么时候可以开始如厕练习？

迪迪妈妈听说如厕训练在宝宝 1 岁半时就可以开始了，迪迪已经快 3 岁了，马上就该上幼儿园了，如果还不会上厕所总是尿裤子，老师和同学笑话她可怎么办？她努力训练迪迪也已经好几个月了，可迪迪几乎没有任何进步。迪迪每天仍会尿湿好几条裤子，而且就是不愿意使用宝宝马桶。迪迪妈妈还被奶奶抱怨："你不是说不能把屎把尿吗？老家的牛牛从小把屎把尿，现在刚 1 岁半，就不尿裤子了。"迪迪妈妈特别发愁，宝宝的屎尿屁这些事怎么这么难搞定？到底怎么给宝宝进行如厕训练，才能让宝宝顺利过渡呢？

（1）宝宝多大的时候可以开始如厕练习呢？

从发育情况上看，1 岁半以前的宝宝，由于身心发育有限，处于"想尿就尿"的阶段，若过早训练，易给宝宝造成心理负担，甚至是心理阴影，宝宝会因此对如厕产生抗拒情绪；1 岁半到 3 岁的宝宝，能够控制尿液的"存"与"放"，也能更好沟通，如厕练习可以逐步实施；3 岁以后的宝宝，尿床的情况会慢慢改善。

从适应水平上看，年龄不是决定宝宝是否开始如厕练习的硬性指标，也就是没有一刀切的年龄标准。美国儿科学会发布过宝宝可以进行如厕练习的几大指标，包括生理的指标（神经、肌肉发育趋于成熟）及心理、认知、语言上的指标等。大部分宝宝在 18 个月左右能够达到如厕练习的生理成熟度。而在心理、认知和语言上，大多数宝宝要到2岁以后，时机才恰当。每个宝宝都是有个体差异的，发展程度也不一样。

（2）爸爸妈妈怎么帮助宝宝进行如厕练习，宝宝才能顺利过渡呢？

第一，观察宝宝的如厕信号，选择合适的如厕练习时间。当宝宝已形成较规律的排便习惯后，当想上厕所时，他会脸红、摸私处等；宝宝的尿不湿可以保持2个小时以上的干爽；宝宝可以自己穿、脱裤子；宝宝对马桶、坐便器、穿小内裤很感兴趣；尿布湿了，宝宝会很难受，并向爸爸妈妈求助等。当宝宝出现以上2~3个类似信号时，爸爸妈妈就可以帮助宝宝开始如厕练习了。

第二，让宝宝参与到整个如厕练习的计划中来。爸爸妈妈可以邀请宝宝参与挑选坐便器，充分尊重宝宝的意见；可以邀请宝宝参与到如厕练习的任务布置中，比如，由谁来发出"我要尿尿"的信号、由谁来脱掉小裤子、由谁来倒掉小马桶等；可以让宝宝最熟悉的人陪伴宝宝进行如厕练习，这将在如此私密的共处时间中使宝宝获得安全感。

2. 宝宝快要上幼儿园了，如何能让他对幼儿园生活充满向往？

当宝宝快要准备入园时，你和家人通常是怎么做的？

A. 告诉宝宝幼儿园有多么好

B. 告知宝宝她到了年龄，必须去

C.什么都不做，直接送去

你的选择是：_____

随着宝宝们一天天长大，小区里的小伙伴见面的机会越来越少，因为小朋友们纷纷开始上亲子班或者幼儿园了。萍萍妈妈也为萍萍精心挑选了一所幼儿园，再过几个月，萍萍就正式入园了。但是萍萍妈妈很担心，从出生以来从未离开过妈妈的萍萍，能不能适应幼儿园生活？有没有什么办法能够让宝宝对幼儿园充满向往？

（1）在未入园的小宝宝心中，幼儿园是一个怎样的存在呢？

一方面，宝宝对即将到来的"独立"生活有点向往。如果宝宝曾经路过幼儿园，一定会对幼儿园里各种各样的游乐设施特别向往；如果宝宝看到其他小朋友从幼儿园进出，一定会期待成为其中的一员，与小哥哥姐姐们一起尽情玩耍。

另一方面，宝宝对即将面对的陌生人和环境有点紧张。如果宝宝看到过其他小朋友分离焦虑的状况，他一定很担心自己是不是也必须离开爸爸妈妈？自己能不能适应新的环境？

（2）爸爸妈妈如何让宝宝对幼儿园生活充满期待呢？

第一，理解宝宝的忐忑心情，提前让宝宝熟悉幼儿园里会遇到的人和环境。宝宝如果对幼儿园没有概念，爸爸妈妈可以在周末或者校园开放日的时候，带宝宝到幼儿园里熟悉环境，不必急于把宝宝"推出去"，而是陪伴宝宝一起体会这种矛盾的心情。告诉宝宝在幼儿园里可能遇到的人物：园长、老师、小朋友，这些人在白天会陪伴他玩耍。提前了解人和环境，能够很大程度上缓解宝宝的焦虑。

第二，赋予"上幼儿园"以特殊的含义，让宝宝意识到自己长大了。上幼儿园，对宝宝来说是人生的一个里程碑，爸爸妈妈不妨把这个里程碑建立得更加有仪式感。比如，可以为宝宝举行一个"长大"的仪式，让他知道，只有长大了才能去上幼儿园。每一个宝宝都对"长大"充满了渴望，"长大"仪式可以让宝宝对上幼儿园充满期待和向往。

3. 宝宝不想去幼儿园，如何缓解宝宝的入园焦虑？

你的宝宝有不想去幼儿园的情况吗？

A. 有
B. 没有

你的选择是：＿＿＿＿＿＿＿＿

上个星期一，潼潼第一天上幼儿园，妈妈紧张了好长时间，生怕潼潼会哭着不去幼儿园。没想到，潼潼开开心心地跟着老师就入园了。妈妈松了一口气，庆幸自己遇上了没有"入园焦虑"的宝宝。没想到，到入园第三天，潼潼就开始哭着喊着"我不想去幼儿园！"而且从第三天到现在，每天她都能给出不同的理由，让爸爸妈妈啼笑皆非："妈妈，我不想离开你。""妈妈，我要陪着我的小火车，它会想我的。""妈妈，你每天送我上幼儿园多累啊，今天歇会儿吧！""我昨天就已经上过幼儿园了，为什么今天还要上啊！"爸爸妈妈为了入园这事，每天都在跟潼潼斗智斗勇。为什么宝宝不想去幼儿园呢？爸爸妈妈怎么做，才能缓解宝宝的入园焦虑呢？

（1）宝宝为什么不想去幼儿园？

从主观方面来看，宝宝离开家，离开爸爸妈妈，进入幼儿园，是宝宝"社会化"的重要一步。对宝宝来说，整个白天见不到家人，都和陌生人待在一起，仿佛割裂了他与爸爸妈妈的联系，宝宝的归属感受到了极大的挑战。

从客观方面来看，幼儿园里的老师、同学、环境对宝宝来说都是陌生的。在陌生的环境中，宝宝的一丝丝情绪，比如挫败感、孤独感、被忽视感、被约束感等，都可能使他开始恐惧或讨厌这个环境，进而产生抵触情绪。

（2）爸爸妈妈怎么做，才能缓解宝宝的入园焦虑呢？

第一，理解宝宝的情绪，倾听宝宝的声音。爸爸妈妈是宝宝心目中最重要的人，当宝宝对幼儿园产生抵触情绪时，最直接的反应就是想回到爸爸妈妈的怀抱中。如果爸爸妈妈直接把宝宝"往外推"，会让宝宝更加不喜欢幼儿园，觉得"自从上了幼儿园，爸爸妈妈就不爱我了。"爸爸妈妈可以对宝宝的想法表示理解，把宝宝的童言童语"当回事"，认真倾听，相信宝宝。有时候，当宝宝的负面情绪及时疏解后，他就能开心地走向幼儿园了。

第二，及时和园方沟通，给宝宝有限的选择。如果宝宝突然不去幼儿园或者抵触情绪非常强烈，爸爸妈妈可以及时和幼儿园的园长、老师沟通，看看宝宝在园里是否遇到了让他感受不好的事情，及时排除隐患。当爸爸妈妈确认宝宝只是不适应幼儿园生活后，可以用游戏的方式给宝宝有限的选择，比如，"你是愿意带着小汽车去幼儿园呢，还是打算把这袋饼干带去和小朋友分享呢？"

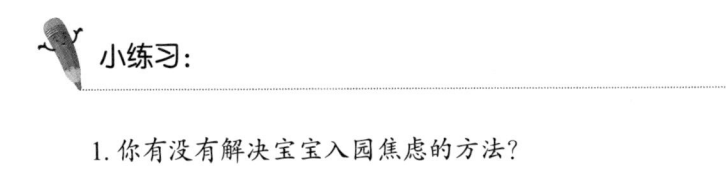

小练习：

1. 你有没有解决宝宝入园焦虑的方法？

_____

_____

_____

_____

2. 请爸爸妈妈跟宝宝一起建立幼儿园收获的沟通，记录下来，成为宝宝珍贵的成长记录。

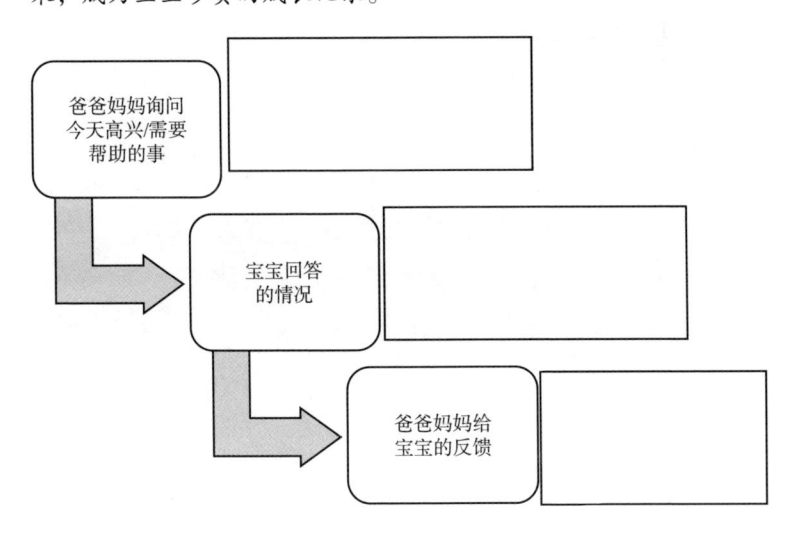

```
[爸爸妈妈询问今天高兴/需要帮助的事] → [                    ]
                                    ↓
                        [宝宝回答的情况] → [                    ]
                                          ↓
                              [爸爸妈妈给宝宝的反馈] → [                    ]
```

第三节　宝宝被"欺负"了，该打回去吗

> **来热身啦**

你认为宝宝是一个容易被"欺负"的孩子吗？

　　A. 是
　　B. 不是
　　C. 不能确定

你的选择是：_____

关于宝宝被欺负，你最想了解哪些问题？
- 1. 宝宝被"欺负"，但回家不跟大人说怎么办？
- 2. 宝宝被"欺负"，要不要教他打回去呢？
- 3. 我的宝宝不被"欺负"是因为他"一生气就打人"，这该怎么办？

1. 宝宝被"欺负",但回家不跟大人说怎么办?

月月妈妈最近发现了一个很严重的问题,月月不知道怎么回事,被人"欺负"了,就是不愿意和爸爸妈妈说。最近月月的爸爸妈妈工作很忙,月月奶奶带她出去玩,回来总跟月月妈妈讲,其他孩子"欺负"了月月,可她怎么问,月月都不说。月月妈妈很担心是不是出什么问题了,该怎么办呢?

对此月月一家展开了热烈的讨论。月月爸爸认为该批评孩子,"为什么不跟我说,你是不是傻!"月月奶奶认为该问问孩子,孩子是不是被"欺负"了,然后拉着孩子,去找"欺负"者理论。月月爷爷认为孩子都被"欺负"了,还等什么,应该立马拉着孩子去找"欺负"者,并质问"欺负"者的爸爸妈妈。

月月妈妈认为选第一种方式,批评会让孩子感受到害怕和不尊重,不仅不利于孩子说出事情,而且会破坏亲子关系。选第二种方式,看似解决问题,实际上,爸爸妈妈过于强势会让孩子更难说出被"欺负",还不利于培养孩子的人际交往能力。选第三种方式,在孩子面前起冲突,会让孩子感到害怕,长时间如此,孩子容易习得坏习惯。

(1)孩子为什么会出现被"欺负"了,还不愿意跟家人讲这种情况呢?

从身体发育方面来说,这个年龄段的孩子之间发生"打"或"推"的行为,大多是因为他们的运动系统发育不成熟、无法控制轻重导致。很多时候他们只是想善意地跟对方打个招呼或抱抱，但因为控制不好力度，所以会出现无意触碰。

从孩子心理方面来说，孩子没有意识到被"打"或"推"，正在专心致志地玩游戏，没有感觉自己受"欺负"，所以回家后不会跟大人说。

（2）当孩子出现被"欺负"还不愿意说的情况时，爸爸妈妈应该怎么做呢？

通过跟孩子的沟通、倾听以及支持，让孩子理解爸爸妈妈对他的爱，愿意分享自己发生的事情。

第一，从大人的感受入手。爸爸妈妈和带孩子出去玩的家庭成员沟通后，了解到孩子被"欺负"的情况，肯定会生气，但带着情绪和孩子沟通，更加不容易让孩子说出自己的感受，所以爸爸妈妈首要先平静自己的心情。

第二，从孩子的感受入手。爸爸妈妈在调节好心情之后，再询问孩子的心情，比如，"宝贝，今天奶奶带你出去玩开不开心啊？"如果孩子开心或者说没有感到不高兴的事，爸爸妈妈就不再纠结这个问题，如果说有或者没回答，就继续第三步。

第三，从孩子喜欢的角色（也可以是其他喜欢的）感受入手。"宝贝，佩奇（此处是孩子自己喜欢的角色）今天开不开心啊！"因为这个年龄段的孩子用其他人的口吻更容易讲出自己的情绪。

当孩子被"欺负"，但回家不跟大人说时，孩子最需要的是爸爸妈妈的引导和观察，而不是批评和强迫。

需要注意的是，爸爸妈妈在与孩子聊天时，要让孩子自己表达感受，不要把自己的想法强加在孩子身上。爸爸妈妈在询问孩子的感受时，要蹲下来看着孩子的眼睛询问，同时要观察孩子的表情，如果孩子出现难受的表现，要立即安慰孩子，比如抱抱孩子、轻拍孩子的背。孩子行为的改变需要全体家庭成员长时间的细心引导和用心观察，否则会给孩子造成困扰，进而更难说出自己的感受。

2. 宝宝被"欺负"，要不要教他打回去呢？

当宝宝被"欺负"时，你和家人通常是怎么做的？

A. 教孩子打回去，对方怎么打自己的就怎么打他，不能吃亏
B. 惹不起躲得起，不和这样打人的小朋友玩了
C. 跟对方家长理论，得好好教育他们，让他们管好他家孩子

你的选择是：＿＿＿＿＿＿＿＿

昨天耿耿妈妈带耿耿出门遛弯，遇到邻居孩子，就让孩子们一起玩了。小朋友们玩得挺好的，两个妈妈就边聊天边看着孩子们，可谁知小朋友突然打了耿耿的头，耿耿顿时大哭起来，耿耿妈妈也很心疼，但是碍于邻里关系，耿耿妈妈也不好多说什么，况且对方家长也道歉了，要再计较就显得耿耿妈妈小气了，只能内心焦虑地抱起耿耿回家了。回家后耿耿妈妈就在想，孩子太老实了，被打了也不知道保护自己，是不是应该教他在这种情况下打回去呢？

（1）小朋友为什么会出现打人的现象呢？

心理学冰山理论认为，每个孩子就像一座冰山，大人能看到的只是表面极少"让人头疼的行为"，而孩子"错误行为背后的原因和真实需求"往往被忽略，如果要推动孩子这座"冰山"，光推冰山上的那一角"行为"，是无法发生太大改变，要看到"孩子错误行为背后的原因和真实需求"这个海平面以下的更大冰山，才能让孩子发生本质改变。孩子行为背后的原因和真实需求就像钥匙，能打开孩子这把神秘的锁。

这个年龄段的孩子语言表达能力和运动能力都处于快速发展阶段，而运动能力的发展要比语言能力的发展更早，当孩子不能用语言表达自己的诉求和情绪时，会非常着急，转而使用自己的身体，但此时孩子的手眼协调能力以及对自己肢体的控制能力均未成熟，时常误碰或者误打到他人，造成成人认为的"欺负"人的现象。

（2）当孩子被"打"被"欺负"的时候，爸爸妈妈应该怎么做呢？

面对孩子们发生冲突时，先自我冷静，才能以更理性的视角去判断孩子是否需要自己的帮助，再根据实际情况做出相应的处理。

第一，平静10秒。爸爸妈妈在孩子之间发生冲突，且没有实际伤害孩子的行为时，请不要立即上前干涉或直接抱走孩子，可以先平静一下，默数10秒，这既能给自己更多观察辨别的时间，也能更加平静地处理问题。

第二，近距离观察。当发现孩子们的冲突还在继续时，爸爸妈妈可以走近，在孩子们旁边仔细观察，确认孩子发生冲突的原因。

第三，制止危险动作。如果孩子出现抓人、挠人等行为，爸爸妈妈请立马上前，用自己的手以及部分身体隔开两个孩子，避免危险的发生。

当孩子被"欺负"时，孩子最需要的是爸爸妈妈的信任和及时制止，而不是过度保护和干涉。

需要注意的是，爸爸妈妈在面对孩子被"欺负"时，请一定要平静情绪后再处理问题，这样有助于帮助孩子理性地看待和解决问题。爸爸妈妈需与家人做好沟通，尽可能使所有家庭成员都以相同的方式处理冲突问题。孩子之间玩耍经常会出现冲突，爸爸妈妈不能过度保护自己的孩子，因为面对冲突也是学习的方式，让他学会自己解决冲突，更利于发展他的人际交往能力。

3. 我的宝宝不被"欺负"是因为他"一生气就打人"，这该怎么办？

你的宝宝有一生气就打人的情况吗？

A. 有
B. 没有

你的选择是：＿＿＿＿＿＿＿＿

鹏鹏的脾气特别不好，一生气就爱打人。有时在小区里和小朋友一起玩，一生气就打小朋友，现在小区里的小朋友都不愿意和鹏鹏玩，家长们背地里也总是指责鹏鹏的家长没有教育好鹏鹏，这要是不改，上幼儿园了大家都讨厌鹏鹏可怎么办呢？

碰到孩子"一生气就打人"的问题时，你和家人通常怎么做呢？

A. 指责孩子"你怎么能打人呢，马上给小朋友道歉"
B. 劝说孩子"不能打人，不然小朋友就不跟你玩了"
C. 威胁孩子"你再打人，我就打你"

你的选择是：_____

选A，孩子会觉得爸爸妈妈不理解自己，"你们越是让我道歉，我就越不道歉"。

选B，孩子会觉得爸爸妈妈不关心自己，"总是告诉我不能做的事情，可我就认为是能做的"。

选C，孩子会觉得"爸爸妈妈不爱我，他们还要打我呢"。

（1）孩子为什么会出现一生气就打人的现象呢？

第一，在皮亚杰的《儿童认知发展论》中提到0～5岁处于前道德阶段，儿童只能直接接受行为的结果。儿童道德认知不守恒，孩子还不懂用社交规则来约束自己的行为。

第二，从儿童语言发展来看，1～2岁的幼儿正处于语言发展阶段，还不能正确地使用语言表达自己的情绪，所以，幼儿的动作反应要快于语言反应。

（2）当孩子出现一生气就打人的情况时，爸爸妈妈应该怎么做呢？

第一，阻止伤害行为。当孩子生气打人时，爸爸妈妈应立即上前阻止孩子的不当行为。并且平静而坚定地看着孩子的眼睛，告诉孩子"你不可以打人"。

第二，给孩子宣泄情绪的机会。爸爸妈妈可以将孩子抱到一个人少或是安静的地方，让孩子宣泄自己的情绪。"我知道你很生气，我可以陪你在这里哭一会儿。"

第三，向他人表达歉意。等待孩子发泄完情绪，心情平和下来后，爸爸妈妈陪同孩子向他人表达歉意。爸爸妈妈引导孩子说"对不起"。

第四，帮助孩子学习识别情绪。爸爸妈妈可以帮助孩子识别情绪，让孩子知道自己很生气，需要表达出来。"妈妈看到你满脸通红，知道你很生气。你可以说出来：我很生气。这样爸爸妈妈就知道你很生气，我也能帮助你。"

值得注意的是，孩子在被爸爸妈妈抱着离开时，他可能会大哭大叫。这是很正常的事情，爸爸妈妈一定要给孩子发泄情绪的机会。爸爸妈妈若控制孩子的情绪，则不能帮助孩子很好认识到自己的情绪。爸爸妈妈在看到自己孩子生气打人的时候，自己也会很生气。爸爸妈妈一定要控制好情绪，因为爸爸妈妈的情绪会影响孩子的情绪。孩子学习认识自己的情绪，不能一两次就见效，家长一定要耐心引导、帮助。

小练习：

1. 你家宝宝有没有被欺负过？
A. 有
B. 没有

2. 你的应对方法是:

_____

_____

3. 请爸爸妈妈想一想，哪些方法可以帮助宝宝表达自己的感受?

_____

_____

_____

第四节　宝宝高冷，不愿意交友怎么办

> 来热身啦

你认为宝宝是一个高冷的宝宝吗？

A. 是

B. 不是

C. 不能确定，没怎么出去过

你的选择是：_____

关于宝宝太高冷，不愿意交朋友，你最想了解哪些问题？

- 1. 宝宝在小区里只愿意自己玩怎么办？
- 2. 宝宝只跟一个小朋友玩，不跟其他人玩怎么办？
- 3. 总感觉孩子缺乏自信，不愿意主动跟小朋友玩怎么办？

1. 宝宝在小区里只愿意自己玩怎么办？

圈圈从小就是一个高冷的宝宝，带他出门，他挺高兴的，可就是不和其他小朋友玩，圈圈妈妈都不知道跟他讲了多少回了，可他就是不理，还是自己玩自己的。圈圈妈妈特别担心他是不是心理出现了问题，该怎么办呢？

（1）宝宝为什么会出现只愿意自己玩，不和其他人玩的情况呢？

第一，1~2岁的孩子和同伴的交往是处于独自游戏的状态，孩子独自组织、安排、变换游戏活动，不注意别人的活动，不参加别人的游戏。

第二，孩子性格较内向，适应新环境的速度较为缓慢，或者孩子之前缺少和其他小朋友接触的机会，在和其他小朋友交往时，会比较"慢热"。

（2）当宝宝出现只自己玩，不跟其他人玩的情况时应该怎么办呢？

第一，不打断孩子的游戏。爸爸妈妈在孩子正在玩游戏的时候，不要打断孩子，这样容易让孩子产生不良情绪，可以在孩子完成游戏后，看着孩子温柔地说："宝宝，你看其他小朋友一起玩得多高兴啊，你要过去和他们玩吗？"

第二，陪伴孩子熟悉。爸爸妈妈陪在孩子身边，并告诉他："宝宝，我知道你和其他小朋友还不是很熟，需要一点时间才能和他们一起玩。你不用担心，爸爸妈妈会一直陪在你身边，等你熟悉其他小朋友后，再和他们一起玩。"

爸爸妈妈要接纳孩子的暂时不合群，耐心地帮助、陪伴孩子，使孩子之后能更好地与人交往。当孩子在小区里只愿意自己玩时，孩子最需要的是爸爸妈妈的耐心陪伴和理解，而不是批评或骄纵。

需要注意的是，爸爸妈妈在孩子独自玩耍时，不要急于把孩子推出去，那样会降低孩子的安全感，且对陌生的环境和人产生强烈的反应和恐惧的心理。爸爸妈妈在孩子玩耍时，要随时注意孩子的情况，以免发生意外。让孩子学会如何与人交往是一个缓慢的过程，需要爸爸妈妈耐心陪同，给孩子一点时间，这样孩子才能更快更好地学会与人交往。

2. 宝宝只跟一个小朋友玩，不跟其他人玩怎么办？

当宝宝只跟一个小朋友玩，你和家人通常怎么做？

A 催促孩子："你去和这个小朋友玩一会儿，他也愿意和你玩的。"

B 哄骗孩子："你去和这个新朋友玩一会儿，玩完了妈妈带你去坐旋转木马。"

C 指责孩子："你怎么这样，你的朋友不在你就不玩了吗？怎么就认一个人呢。"

你的选择是：_____

圈圈经过爸爸妈妈的引导，终于愿意跟小朋友玩了，可是又出现了另一个问题，那就是他只跟一个小朋友玩，和其他小朋友都不玩。当遇到小朋友不在的情况时，他就显得特别孤单没有人一起玩。这不跟其他小朋友一起玩，可怎么办呢？

（1）孩子只跟一个小朋友玩的原因是什么呢？

第一，儿童心理学研究表明，幼儿在交往中开始形成最初的友谊，他们认为朋友是自己喜欢并经常一起玩的人。

第二，从儿童的社交发展来看，2～3岁的孩子正处于社交发展阶段，还不能很好地运用社交方法。所以孩子很喜欢自己固定的朋友，还不能很好地和其他人进行社交活动。

（2）当孩子出现只跟一个小朋友玩的情况时，爸爸妈妈应该怎么办呢？

第一，创造社交机会。爸爸妈妈可以邀请1～2个新朋友来家里，为孩子创造和新朋友相处的机会。"今天有2个小朋友要来家里做客，你们可以一起玩哦。"

第二，引导孩子相互认识。小朋友来到家里后，爸爸妈妈可以引导孩子们相互认识。家长们可以先自我介绍，然后引导孩子们进行自我介绍。"欢迎你们来我家，我是平平妈妈。"

第三，组织孩子一起游戏。爸爸妈妈可以组织小朋友们玩1～2个游戏，让孩子们相互熟悉。这样有助于孩子们很快熟悉，建立友好关系。（可以组织孩子们一起读书、画画等游戏）游戏结束后，引导孩子们玩他们喜欢的玩具或游戏。

第四，巩固友谊关系。在孩子们相互认识后，爸爸妈妈可以定期约新朋友一起玩。可以一起去公园或是去这个小朋友的家里做客等。给孩子们更多相处的机会，巩固孩子之间的友谊关系。

需要注意的是，刚开始孩子看到新朋友来到家里后，可能不愿意自我介绍。这也是很正常的事情，爸爸妈妈可以引导或给孩子示范做自我介绍。爸爸妈妈避免强迫孩子一定要自我介绍。爸爸妈妈在组织小朋友玩游戏的时候，尽可能让孩子之间有互动。当孩子有互动的时候，孩子们就能较快地相互熟悉，并愿意一起玩了。孩子在发展社交的过程中，需要不断接触新朋友。同时需要爸爸妈妈为孩子创造和小朋友相处的机会，相信孩子能够结交更多的朋友。

3. 总感觉孩子缺乏自信，不愿意主动跟小朋友玩怎么办？

你认为宝宝是一个缺乏自信的宝宝吗？

A. 是
B. 不是
C. 不能确定

你的选择是：_____

区别于圈圈的高冷，卷卷妈妈觉得卷卷特别不自信，遇到小朋友不敢主动和他们一起玩，就站在原地，眼巴巴地看着别人玩。从眼神中能看出他特别想要和小朋友玩，就是不敢说，总是等着妈妈带着他去说。有时真是又气又恨。就这性格等上了幼儿园，可怎么办呢？

卷卷妈妈为此召开了家庭会议，询问其他家人卷卷出现这种情况时，其他人是怎么处理的，卷卷爸爸催促孩子："你自己去找小朋友玩吧，快去。"卷卷奶奶哄孩子："你先和小朋友去玩，奶奶给你买新玩具。"卷卷爷爷放任孩子："不爱和别的小朋友一起玩就不玩，自己玩吧，长大就好了。"

卷卷妈妈认为这些做法要么会让孩子觉得爸爸妈妈不理解自己，总是催促很反感。要么会让孩子觉得父母不关心自己，也不知道如何和小朋友交往。

（1）宝宝为什么会出现不敢主动跟其他小朋友玩的情况呢？

第一，从儿童的情感发展来看，儿童在18～24个月处于自我意识情感发展初期，孩子会表现出内疚、羞愧、尴尬、嫉妒和自豪。也就是说孩子会感觉羞愧，不愿意主动和小朋友一起玩。

第二，2～3岁的幼儿刚开始建立社交，社交经验和社交语言还不够丰富，不知如何恰当地表达自己的想法。

（2）当孩子出现缺乏自信不敢跟其他小朋友玩的情况时，爸爸妈妈该怎么办呢？

第一，看出孩子的小心思。爸爸妈妈从孩子的行为和眼神中看到孩子非常渴望和小朋友玩，但自己又不敢说时，爸爸妈妈可以替孩子说出自己的想法："我看见你一直看着那几个小朋友，你也很想和他们一起玩吧？"

第二，鼓励孩子向爸爸妈妈说出想法。为了让孩子把想法告诉自己，爸爸妈妈可以说："我看出来你很想和他们一起玩，你可以把想法告诉我，我能帮助你"，引导孩子说出："爸爸妈妈，我想和小朋友一起玩。"

第三，以身示范表达想法。爸爸妈妈陪同孩子一起走到小朋友身边，向孩子示范如何以恰当的方式加入小朋友们的游戏中。"你们好，我是卷卷，我能和你们一起玩吗？"

爸爸妈妈要根据孩子的特点，了解自己孩子的心理活动，从而引导、帮助孩子学习正确的社交方法。一是看孩子的眼神和行为，来了解孩子的想法和心思；二是说鼓励，鼓励孩子把自己的想法告诉爸爸妈妈；三是示范，家长以身示范向孩子展示如何正确地表达自己的想法。当孩子"缺乏自信，不愿意主动和小朋友一起玩"时，孩子最需要的是被理解，给自己足够的时间准备，而不是强迫孩子一定要和别的小朋友一起玩。

需要注意的是，爸爸妈妈在引导孩子说出自己的想法时，孩子有时也不愿说出来，这也是很正常的事情。爸爸妈妈不要强迫孩子说，要认可孩子的内心想法和感受。

爸爸妈妈陪同孩子向小朋友表达自己的想法时，如果孩子躲起来或是紧紧地拉着爸爸妈妈时，家长不要强硬将孩子推出来，可以说："他很想和你们玩"。避免在小朋友面前批评或指责自己的孩子，这样容易伤害孩子的自尊，从而会让孩子更不愿意主动和小朋友交往了。爸爸妈妈在帮助孩子发展社交的过程中不是一次就能完成的，需要慢慢让孩子去观察、尝试和参与，这个过程请爸爸妈妈一定要耐心。

小练习:

1. 你有帮助宝宝社交的好方法吗?

_____
_____
_____

2. 你打算做些什么帮助宝宝多交朋友呢?

爸爸妈妈鼓励宝宝交友记录表

爸爸妈妈打算做什么	爸爸妈妈如何跟宝宝沟通	宝宝的反馈

第九章
和谐养成篇

谁要能看透孩子的生命，就能看到堙埋在阴影中的世界，看到正在组织中的星云，方在酝酿的宇宙。儿童的生命是无限的，它是一切……

——罗曼·罗兰

来到最后一章，很多父母已经从新手父母的"养"焦虑升华为"育"追求，从基本的生存需求上升为精神需求，如何"育"出"父母慈、子女笑"的和谐场景成为很多父母的更高追求。本章从如何让宝宝"听话""快速""配合"等11个重要问题，分析原因，总结方法，希望你能借由它们，育儿育己，做智慧父母。

第一节 抱还是不抱，这是个问题

来热身啦

你认为宝宝是一个爱要抱抱的孩子吗？

A. 是
B. 不是
C. 不能确定

你的选择是：_____

关于要不要抱着宝宝，你最想了解哪些问题？
- 1. 宝宝总想让抱抱，爸爸妈妈怎么做才能轻松解放自己？
- 2. 宝宝只让妈妈抱，不让爸爸抱怎么办？
- 3. 宝宝已经会走路，每次出门还要爸爸妈妈抱怎么办？

1. 宝宝总想让抱抱，爸爸妈妈怎么做才能轻松解放自己？

楠楠妈妈在经历了楠楠学走路的艰难时期之后，终于迎来了短暂的"春天"——楠楠热爱上了走路，只要能走的地方，绝对不让妈妈抱。

可是没过几天，妈妈就又进入了腰酸背痛的状态，因为楠楠突然开始不愿意走路了。明明是很平坦的道路，楠楠完全可以轻车熟路地走，但她却紧紧抱着爸爸的大腿不肯放手，或者是拦在妈妈的前面求抱抱。宝宝不想走路是必经阶段吗？宝宝总是要抱抱，爸爸妈妈该怎么办呢？

（1）每个宝宝都会经历一段不愿意走路的阶段吗？

一方面，从宝宝的发展阶段来看，1岁多的宝宝腿部力量较弱，容易觉得腿酸、走不动。在学习走路的初期，宝宝极大的热情和探索的愉悦感已经远超身体的不适感。而在掌握了走路这门技能之后，身体的不适感渐渐地开始影响宝宝出行。还有的宝宝可能在学习走路的过程中摔跤过多，因为担心自己会摔倒而不愿意走路。由于以上原因，很多宝宝都经历过不愿意走路的阶段。

另一方面，从宝宝的习惯养成来看，宝宝在学步时期，该走的时候却被家人抱得太多了。如果爸爸妈妈担心宝宝走路太累而总是抱着宝宝，那么在宝宝学会走路又失去了最初的兴趣后，他会觉得自己走路没什么用，因为总归是有爸爸妈妈抱的，从而养成了"不走路"的习惯。

（2）宝宝总是要抱抱，爸爸妈妈该如何引导？

第一，认真观察，感受宝宝"求抱抱"背后的真正原因。一般来说，宝宝"不愿意走路"只是表面现象，其背后可能有多种原因，比如，对走路不感兴趣了、担心摔跤、希望妈妈多陪伴、缺乏安全感等。爸爸妈妈只有认真观察，了解宝宝不愿意走路的真正原因，才能解开宝宝的心结。

第二，循循善诱，设计宝宝感兴趣的走路小游戏。宝宝天生就是游戏家，游戏能够把一个昏昏欲睡的宝宝迅速唤醒，何况走路这件小事。爸爸妈妈可以利用周围的环境，和宝宝一起做"比赛"类的游戏，如"数电线杆"的游戏、"捡宝贝"的游戏等。具体地说，爸爸妈妈可以和宝宝比赛看谁先数到第三根电线杆、谁能找到圆圆的小石头等，这些游戏能激发宝宝对走路的兴趣。

2. 宝宝只让妈妈抱，不让爸爸抱怎么办？

当宝宝只让妈妈抱不让爸爸抱时，你和家人通常怎么做呢？

A. 呵斥孩子，让爸爸抱
B. 哄骗孩子，爸爸抱了有奖励
C. 放任孩子，就让妈妈抱着吧
D. 不知道怎么办

你的选择是：_____

最近琪琪妈妈很苦恼，琪琪特别黏妈妈，只要妈妈在，谁抱都不行。本来以为出了月子"解放"了，结果孩子每天还是黏着妈妈，出门还是让妈妈抱，外出时想让琪琪爸爸帮忙分担一下，结果琪琪就是不愿意爸爸抱。怎么办才好呢？

（1）宝宝为什么只想让妈妈抱呢？

安斯沃思通过陌生情景法，根据婴儿在陌生情境中的反应将婴儿的依恋类型分为3种。其中安全型依恋讲道：与母亲在一起时，能安逸地操作玩具，并不总是依偎在母亲身边，只是偶尔需要靠近接触母亲，更多的是用眼睛看母亲。看母亲、对母亲微笑或与母亲有距离地交谈。母亲在场使婴儿感到足够的安全，能在陌生环境中积极探索和操作，对陌生人反应比较积极。当母亲离开时，婴儿的操作、探索行为会受影响，婴儿明显表现出苦恼、不安，想寻找母亲；当母亲回来时，婴儿会立即寻找与母亲接触，并很容易经安抚而平静下来。所以孩子喜欢黏妈妈，只让妈妈抱不让别人抱是正常的。

（2）当宝宝只让妈妈抱，不让爸爸抱时该怎么办呢？

第一，妈妈语言引导。妈妈可以对宝宝说："宝贝，请看着妈妈的眼睛，妈妈现在有点累了，没办法抱你了，需要休息一会儿。你可以选择让爸爸抱一会儿或者我们找个地方坐下爸爸陪你玩一会儿，妈妈就在旁边休息，妈妈会一直陪着你。"

第二，爸爸主动陪伴。爸爸拿出孩子感兴趣的玩具引导孩子一起玩耍，唱孩子喜欢的儿歌，做孩子喜欢的游戏。爸爸："宝贝，爸爸这里有一个小积木，你想和爸爸一起玩吗？"爸爸示范搭叠积木，之后递一块积木给孩子："你想来试一试吗？"

第三，妈妈给予鼓励。妈妈看着孩子和爸爸说："哇，你们俩搭的积木好漂亮呀。谢谢爸爸陪宝贝一起玩，让妈妈好好地休息一会儿，真是太感谢爸爸啦。宝贝，让我们一起抱抱爸爸吧。"然后妈妈可以带着孩子一起拥抱爸爸。

需要注意的是，妈妈和孩子沟通时要注意情绪稳定和心态平和。爸爸要主动积极地和孩子交流和互动。刚开始的时候，孩子可能还不能适应和爸爸产生互动和肢体接触。爸爸妈妈要多给孩子一些准备的时间，多给父子俩制造一些机会，慢慢引导孩子。

3. 宝宝已经会走路，每次出门还要爸爸妈妈抱怎么办？

遇到宝宝每次出门都要抱着，你会怎么做？

A. 特别生气，呵斥宝宝自己走路
B. 哄宝宝，自己走就给糖吃
C. 当没看见，放任不管
D. 不知道怎么做

你的选择是：_____

明明已经会走路了，可每次带他出门，他都要妈妈抱着，让他走路就什么借口都来了，有时候累了，让他自己走一会儿，他就会又哭又闹，怎么哄都不管用。明明妈妈特别担心孩子是不是太娇气了，该怎么办呢？

（1）宝宝为什么不愿意自己走路要大人抱着呢？

第一，跟不上爸爸妈妈。孩子虽然会走，但人小腿短，步伐远远跟不上爸爸妈妈。爸爸妈妈迈出一步，孩子就要小跑着才能跟上，这样的走路方式很费体力，所以孩子不愿意走路。

第二，寻求安全感。面对陌生的环境，孩子会感到恐惧，就会寻找安全的地方，而孩子意识中最安全的地方就是爸爸妈妈的怀抱。所以当我们带孩子出门时，孩子会因为恐惧，而拒绝走路，求抱抱。

第三，寻求关注。在孩子不会走路时，出门由爸爸妈妈抱着、关注着。当他学会走路后，发现爸爸妈妈的怀抱和关注都没有了，就会产生心理落差，觉得爸爸妈妈不爱我了，所以孩子会用要抱抱的方式，主动向爸爸妈妈寻求关注。

（2）当遇到宝宝出门就让爸爸妈妈抱着该怎么办呢？

第一，给孩子准备一个小惊喜。在出门孩子求抱抱时，告诉孩子："宝宝，妈妈给你准备了一个小惊喜，但是要等我们走到目的地后妈妈才可以告诉你。"

第二，向孩子诉说自己的感受。在爸爸妈妈和孩子回家时，告诉孩子："宝宝，爸爸妈妈知道你今天玩游戏很累，我们很想抱抱你，但我们陪你玩也很累了，实在抱不动你了，我们一起走回家吧。"

第三，鼓励孩子的行为。回家后爸爸妈妈可以鼓励孩子，说："宝宝真贴心，知道心疼妈妈了，不让妈妈抱，是怕妈妈累了吧！"同时给孩子一个大大的拥抱，激励孩子。

当孩子出了门就让抱时，孩子最需要的是爸爸妈妈的陪伴和关爱，而不是责备和娇纵。通过走路小游戏的方式，让孩子摆脱出门走路带来的困扰,进而愿意出门走路。

需要注意的是,爸爸妈妈要估算孩子出行大概走的路程,确定孩子真的累了后,可以抱一会儿孩子,让他适当休息一下。爸爸妈妈在和孩子的游戏中,要随时注意孩子,避免发生意外。

爸爸妈妈要耐心陪伴和关爱孩子,只有这样孩子才会更愿意听爸爸妈妈的意见,成为更好的自己。

小练习:

1. 帮助宝宝独立不用抱抱,你的建议是:

2. 你打算做些什么帮助宝宝发展其独立性呢?

第二节 怎么说话宝宝才肯听

> 来热身啦

在你的心目中,宝宝是一个听话的宝宝吗?

A. 是
B. 不是
C. 不能确定

你的选择是:_____

关于怎么说话宝宝才肯听,你最想了解哪些问题?
- 1. 左耳进,右耳出,爸爸妈妈的话变成耳旁风怎么办?
- 2. 怎么跟宝宝说话才能迅速提升他的执行力呢?

1. 左耳进，右耳出，爸爸妈妈的话变成耳旁风怎么办？

鹏鹏喜欢在家里踢球，每次都让爸爸妈妈提心吊胆，不是电视被砸得直晃悠，就是妈妈的化妆品险些被砸碎。但无论爸爸妈妈怎么苦口婆心地劝说，都收效甚微。妈妈说："不可以在家里玩球，电视会被砸坏的，以后再也不能看动画片了啊！"爸爸说："鹏鹏，楼下小妹妹被'咚咚咚'的声音给吓哭了！"就这样每天说很多遍，鹏鹏依然玩得不亦乐乎。鹏鹏的爸爸妈妈很疑惑：为什么鹏鹏对爸爸妈妈的话置若罔闻，"左耳朵进，右耳朵出"。怎么才能让宝宝更听爸爸妈妈的话呢？

（1）为什么宝宝听不进爸爸妈妈的话，"左耳朵进，右耳朵出"呢？

从说话的内容看，爸爸妈妈和宝宝的沟通，主要集中在两个方面：一方面是禁止性的话语，如不行、不能、不要、不准等；另一方面是讲道理、谈观点、谈想法。而这些内容对宝宝来说，太不"走心"，会让宝宝产生"这些道理跟我有什么关系"的想法，因而听不进爸爸妈妈的话。

从说话的方式看，爸爸妈妈为了强调话语的重要性，提高宝宝的执行力，常常会不厌其烦地一再重复相同的话语。这一遍又一遍的话会令宝宝产生听觉疲劳，一旦这种"疲劳"超出宝宝的忍耐限度，宝宝自然就开始不耐烦，渐渐会无视父母的"唠叨"。

（2）爸爸妈妈怎么做才能让宝宝更听话？

第一，从内容上，用语简洁，配合非语言信息。能用一个词表达的内容，一定不要用长篇大论。比如，宝宝不吃饭，爸爸妈妈可以用"吃饭"两个字来替代"你现在不吃，等会儿就没东西可吃了""再不来，妈妈就吃完了"等这类"唠叨"的话。越是短的词语越能够吸引宝宝的注意力，越能够集中表达最核心的含义。同时，爸爸妈妈可以用双手比出邀请的姿势，流露出温和而坚定的眼神，会让宝宝自然而然地感受到你的态度。

第二，从形式上，多用提问句，少用否定句和命令句。爸爸妈妈可用一些封闭式问题或者是能够引起宝宝思考的问题来表达自己的想法，比如，"宝宝想一想，怎么才能让小肚子不会咕咕噜噜地叫起来呢？""宝宝，你是打算现在吃饭，还是等到闹钟响的时候吃饭呢？""宝宝，你是想要像小兔子一样跳过来吃饭呢？还是像大狗熊一样摇摇摆摆地过来吃饭呢？"这样的问题可以让宝宝的大脑转动起来去思考，而否定句和命令句会让宝宝的大脑发出反抗的指令。

2. 怎么跟宝宝说话才能迅速提升他的执行力呢？

小区里的妈妈们今天讨论了一个话题："宝宝为什么不肯听话呢？"浩浩妈妈说："浩浩已经1岁多了，我跟浩浩说：'宝贝，把你的玩具整理起来吧！'他完全不理我！"哒哒妈妈说："我跟哒哒说：'宝贝，自己穿裤子好不好？'他该干什么还干什么！"啾啾妈妈说："我跟啾啾说：'宝贝，用筷子吃饭吧！'他看了我一眼，该不用还不用！"这到底是怎么回事儿？宝宝们为什么对爸爸妈妈的话语毫无反应？爸爸妈妈怎么做才能提高宝宝的执行力呢？

（1）宝宝们为什么不肯听话？

从认知发育上看，0～3岁的宝宝，认知水平处于高速发展的阶段。常有老人说："孩子一天一个样。"这句话不仅适用于描述宝宝的身体发展变化，同样适用于描述他们的认知发展变化。宝宝的认知能力不仅每天都在发展，而且不同月龄的宝宝在认知上的差距也是显著的。比如，1岁的宝宝不肯听妈妈的话去整理玩具，并不是宝宝故意为之，而是他确实无法理解"整理玩具"的内在含义，不懂得自己怎么做才能遵从这个指令，所以干脆置之不理。

从表达方式上看，爸爸妈妈没有使用宝宝能够接受的语言和行为。对年龄较小的宝宝发出"整理玩具""穿裤子""使用筷子"这些看似简单的指令，就类似于宝宝跟妈妈说："妈妈，给我做个松鼠鳜鱼吧！"对妈妈来说，"松鼠鳜鱼"这个目标是明确的，但是"松鼠鳜鱼怎么做"这个过程她并不清楚，所以很难执行下去。

（2）爸爸妈妈怎么跟宝宝说话，才能迅速提升他的执行力呢？

第一，目标明确，步骤清晰。对爸爸妈妈来说，目标明确并不难做到，"整理玩具""穿裤子""使用筷子"这些都是明确的目标。更重要的是，要结合宝宝的发展阶段，对这些目标进行步骤分解。比如，"整理玩具"这个目标可以分解为三个步骤：第一步，把红色小汽车拿过来；第二步，把小汽车放在玩具箱里；

第三步，把盖子盖上。

第二，指令具体，动作示范。爸爸妈妈将目标步骤分解后，要向宝宝传达具体的指令，并且辅之以动作示范。在明确的语言和动作示范下，宝宝才会理解。比如"提裤子"这个目标，爸爸妈妈可以和宝宝一起边做边说：第一步，"请宝宝两只手一起抓着两边的裤腰"，边说边把他的双手放在相应的位置上；第二步，"请宝宝两只手使劲往上提裤子，把裤腰提到小肚子的地方"，同时拍拍他的小肚子；第三步，爸爸妈妈可能会发现裤子前面提上了，小屁股却还露在外面，那可以"请宝宝用双手抓着屁股后面的裤子，使劲，提！"

第三，及时鼓励，支持宝宝自己做自己的事情。很多日常动作，爸爸妈妈之所以觉得很简单，是因为你们已经重复做了成千上万遍。而宝宝要想学会，则需要上百遍的练习，在这个过程中，有成功也有失败。爸爸妈妈对宝宝的努力要表示认可和鼓励，这会让宝宝更有劲头自己做自己的事情。

小练习：

1. 你家宝宝是否也出现过怎么说都不听的情况？

A. 有

B. 没有

2. 你是如何处理的？结果如何？

_____

_____

3. 你有在宝宝犯错后跟宝宝沟通的案例吗？

爸爸妈妈与宝宝的情绪感受沟通记录表

爸爸妈妈观察到 宝宝犯的错	宝宝犯错后的 行为和感受	爸爸妈妈的沟通内容

第三节　爸爸妈妈催催催，生个小磨蹭怎么办

> 来热身啦

你认为宝宝是一个磨蹭的孩子吗？

　　A. 是
　　B. 不是
　　C. 不能确定

你的选择是：_____

关于宝宝磨蹭，你最想了解哪些问题？
　• 1. 宝宝是个小磨蹭，爸爸妈妈如何培养宝宝主动配合的好习惯？
　• 2. 宝宝一到吃饭就开始磨蹭怎么办？
　• 3. 宝宝起床困难怎么办？

1. 宝宝是个小磨蹭，爸爸妈妈如何培养宝宝主动配合的好习惯？

每天早上10点钟，是奶奶带思思出去玩的时间。虽然每次思思都能在小区里玩得乐不思蜀，但每天出门前，奶奶都和思思有一场"硬仗"要打。奶奶说："思思，该换衣服了。"思思说："不要！我要再玩一会儿！"奶奶只好让思思再玩一会儿。过了一会儿，奶奶说："思思，再不出去就晚了，快来换衣服！"思思说："没关系！我还要再玩一会儿！"于是，奶奶开始帮思思换衣服，但思思却很不耐烦奶奶的打扰，换了一半，又开始玩耍。直到快11点，思思说："奶奶，我要出去玩儿！"这时已到奶奶做午饭的时间，她没办法带思思出去玩了。于是，思思免不了一场大哭。奶奶很困惑，思思既然喜欢出去玩，为什么还要磨磨蹭蹭？大人怎么做，宝宝才能主动配合呢？

（1）为什么宝宝总是磨磨蹭蹭的？

一方面，与宝宝的性格和能力相关。有些宝宝就是慢性子，做什么事情都喜欢慢慢来、不着急。宝宝做事情的能力还达不到成年人的水平，包括他的力量、速度等，都有一定的年龄局限。爸爸妈妈觉得宝宝磨蹭，也许是因为宝宝的行为和大人的节奏匹配不起来，所以就给宝宝贴上了磨蹭的标签。

另一方面，与成人的沟通方法相关。当爸爸妈妈"催促"宝宝时，一句"快点儿！"几乎不起任何作用，因为"快点儿！"

没有任何技术含量,也不需要动脑筋,更无法戳中宝宝的心。无论宝宝是否期待接下来的活动,都会被"快点儿!"这句毫无感情或是略带焦急的话给磨灭了兴致。

(2)大人怎么做,宝宝才能养成主动配合的好习惯呢?

第一,根据宝宝的性格、习惯和能力水平,预留更多的时间。经过一段时间的观察及对自己家宝宝的成长节奏有所了解后,爸爸妈妈可以根据宝宝的性格、习惯和能力水平,多留出一些准备时间。比如,如果宝宝是慢性子而且他穿衣服、穿鞋需要很长时间,那么原定9点开始的出门准备,就可以提前到8点半开始。

第二,提前约定,用具体可见的计时方法提醒宝宝。如果是经常性的活动,那么爸爸妈妈可以提前30分钟和宝宝进行约定,约定的内容包括:下一步该做的事情、什么时候做这件事情、用何种方式提醒宝宝,是闹钟、沙漏还是钟表的长针指到某个数字。约定得越具体、越清晰可见,宝宝的执行情况就越乐观。

2. 宝宝一到吃饭就开始磨蹭怎么办?

当宝宝出现吃饭磨蹭时,你和家人通常是怎么做的?

A. 批评孩子,催促孩子快吃

B. 哄骗孩子,快点吃给看动画片

C. 什么都不做,随便吧

你的选择是：_____

球球妈妈最近很苦恼，球球平时挺可爱、挺聪明的，可一到吃饭就开始磨蹭，每次吃饭喊他，他都不理，照样玩他的，弄得妈妈要催好几遍，上餐桌后，吃饭也总磨磨唧唧的，妈妈又得催他，妈妈烦，他也烦。不明白为什么他就不能麻利地吃饭呢？到底应该怎么办？

（1）宝宝为什么一到吃饭就磨蹭呢？

第一，爸爸妈妈给孩子准备过多食物或两餐间隔时间短，孩子没有饥饿感，不愿意进食。

第二，孩子运动能力还在发展中，手、眼协调性不太好，在使用餐具进餐，比较费时费力，爸爸妈妈的催促给予压力，让孩子感到紧张，胃口消失，吃饭更加磨蹭。

第三，爸爸妈妈为赶时间总是自己喂饭，当孩子不想动手时，就用磨蹭来消耗爸爸妈妈的耐心，达到让爸爸妈妈喂饭的目的。

（2）怎么做才能让宝宝爱上吃饭不再磨蹭呢？

第一，一餐多分。爸爸妈妈可以多准备孩子的食物，但孩子的碗中不要放太多，若他没吃饱再添加，即少量多添的饮食方法。

第二，提前告知。在孩子正玩得高兴时，突然被打断，容易产生不良情绪，提前告知孩子，让他做好用餐准备。

第三，少量多次。孩子有饥饱感，爸爸妈妈先给孩子盛少量的饭，等待孩子吃完后，观察孩子的反应，再决定是否给孩子添加食物。

　　值得注意的是，爸爸妈妈在餐桌上尽量保持安静，多鼓励孩子，不责骂、呵斥孩子，以免孩子出现噎食、呛食的现象。餐桌上只摆放必须用品，避免其他物品分散孩子注意力。纠正孩子吃饭总被催是爸爸妈妈和孩子共同的挑战，需要爸爸妈妈的耐心陪同和帮助。

3. 宝宝起床困难怎么办？

　　你的宝宝有起床困难的情况吗？

　　A. 有
　　B. 没有

　　你的选择是：_____

　　丽丽起床老是磨磨蹭蹭的，不管妈妈怎么喊、拖、拉、拽，她都闭着眼睛，缩在被窝里一动也不动。有人劝丽丽妈妈，现在孩子还小，问题不大。可是丽丽妈妈觉得，等孩子大了，还没有改善的话，那到时候上学，不就得迟到啊，该怎么办呢？丽丽奶奶觉得起床磨蹭肯定是她没睡够，等她睡够了再起，可不能耽误孙女长身体。丽丽爸爸跟孩子说："我叫你多久了，你还不起，再不起，就别吃早饭了。"丽丽妈妈允许孩子磨磨蹭蹭，只要她能起床就行，可是心里很着急。

这样做的后果是什么呢？

丽丽奶奶一味顺从孩子会让她起床磨蹭的情况越来越严重，长时间如此，难以养成良好的生活习惯。爸爸的责备会让孩子感到害怕、不尊重，甚至让她承受较大的心理压力。妈妈骄纵孩子，不利于孩子时间观念的形成。

丽丽为什么会出现起床困难的情况呢？

第一，孩子缺少时间观念。孩子在成长初期，时间观念没有养成，不知道快速完成一件事带来的结果，也不知道慢慢做事带来的坏处，只想做自己想做的事。

第二，由于神经系统发育的差异，有些孩子天生动作慢，不论在什么情形下、做什么事情都慢，即便是有强烈的外界刺激，他仍然是行动迟缓，慢条斯理，紧张不起来。

第三，父母的榜样作用。爸爸妈妈的行为对孩子有巨大的影响，有的爸爸妈妈做事拖拉，不讲效率。这种做事方式会潜移默化地影响孩子，时间一长，孩子也会养成办事拖沓、磨磨蹭蹭的不良习惯。

当孩子出现起床困难的时候应该怎么做呢？

一找：找根源。爸爸妈妈可在孩子情绪好时，和孩子沟通，了解孩子起床磨蹭的真正原因，从根源上解决问题。

二定：定规则。爸爸妈妈和孩子根据原因，一起制定相关规则，然后用孩子能理解的方式写或画在纸上，贴在孩子的卧室里，按规则执行，逐渐改善孩子的作息习惯。

三调：调氛围。在孩子起床前，营造出温暖舒适的气氛，比如：提前20分钟拉开一截窗帘，使孩子逐渐苏醒和适应阳光；用音乐唤醒，定时播放轻松有节奏感的音乐等，都可以让孩子清醒后快速起床。

爸爸妈妈通过一找、二定、三调的方法帮助孩子改掉磨蹭的习惯，达到培养孩子起床不磨蹭的目的。当孩子起床磨磨蹭蹭时，孩子最需要的是爸爸妈妈耐心的引导和陪伴，而不是苛责和娇纵。

值得注意的是，爸爸妈妈是孩子的榜样，日常生活中要注意自己的作息习惯，不要给孩子造成困惑。父母不随意更换叫醒方式，这样不仅利于叫醒孩子，而且还能培养孩子对父母的依恋。改掉坏习惯是一个痛苦的过程，在孩子有不愿意的表情时，爸爸妈妈需要更加耐心地陪伴和引导。

著名哲学家塞内加曾说："教诲是条漫长的道路，榜样是条捷径。"原来"榜样"这个词语离我们并没有那么遥远，好父母胜过好老师，每位父母都能成为自己孩子的榜样。

小练习：

1. 你有没有解决孩子磨蹭的好方法？

方法一：_____

方法二：_____

方法三：_____

2. 请爸爸妈妈想一想，可以和宝宝一起制定哪些日常规则？

（1）_____

（2）_____

（3）_____

第四节　做事配合的天使宝宝怎么培养

来热身啦

你认为宝宝是一个能配合的天使宝宝吗？

A. 是
B. 不是
C. 不能确定

你的选择是：_____

关于宝宝的配合度，你最想了解哪些问题？
• 1. 宝宝会爬后每次换衣服都像打仗，怎么才能让宝宝配合呢？
• 2. 宝宝总说"不"，爸爸妈妈应该怎么应对呢？
• 3. 我问宝宝为什么这么做，她却总是不回答，怎么才能走进宝宝的内心世界呢？

1. 宝宝会爬后每次换衣服都像打仗，怎么才能让宝宝配合呢？

曾经有一段视频在国内火了，内容是一个外国爸爸给双胞胎宝宝换衣服，刚摁下男宝宝，还没给他穿上袖子，女宝宝就爬到旁边捣乱，刚把女宝宝抱开，男宝宝却翻身爬走了……也许我们并没有双胞胎宝宝需要"挑战"，但是给会爬的小家伙换衣服的难度却也不低。

（1）为什么会出现"打仗"的现象呢？

一方面，爸爸妈妈没有事先告知宝宝接下来将会发生的事情或是打扰了宝宝玩耍。面对比成人小太多的宝宝，爸爸妈妈很少会提前告知宝宝要给他换衣服了。即使告知了，爸爸妈妈注意过换衣服的时间点是如何制定的吗？是不是只考虑了"这会儿我有空了，赶紧换""再不换就着凉了"呢？成人常常未从宝宝的需求出发去安排时间，比如，当宝宝正在玩耍时，他并不想被打扰，那这时宝宝的"逃跑"就是在表达自己的意见呢！

另一方面，以往换衣服的体验让宝宝感觉不舒服了。也许是急于给宝宝换好衣服，爸爸妈妈处理的速度会很快，动作容易粗糙，宝宝的身体感受就不好。而且爸爸妈妈忙于盯着手下的动作，根本顾不上理会宝宝哀怨的小眼神，宝宝的心理感受也不好。所以，宝宝并不享受"换尿布""换衣服"的过程，才会想要"逃跑"。

（2）爸爸妈妈怎么做才能让宝宝好好配合呢？

第一，注意观察，选择合适的时间给宝宝换衣服。只要爸爸妈妈耐心观察，就会发现宝宝什么时候是在玩耍，什么时候是有点无聊了。当宝宝玩耍的时候，最好不要去打扰他。当宝宝略有些无聊的时候，正是我们给他们换衣服的好时机。

第二，创造条件，和宝宝一起享受换衣服的时光。爸爸妈妈行动前，要提前给宝宝做预告。而且在换衣服的过程中，要等待宝宝，等他对我们的话语和温柔的动作有所反应，这样才能降低他对换衣服这件事情的抗拒，也才有可能让宝宝享受这个难得的亲子共处时光。

第三，用游戏的心态来和宝宝一起互动。智慧的爸爸妈妈会想到很多和宝宝游戏的方法，比如，跟他说"宝宝的小手要钻山洞啦！"这能更容易地让宝宝将手臂穿过袖管。6岁以前的宝宝，对游戏有着天生的亲近感，可以说他们是从游戏中获得身体、智力、社交等各方面成长发展的。

2. 宝宝总说"不"，爸爸妈妈应该怎么应对呢？

遇到宝宝总说"不"，你会怎么做？

A. 特别生气，强制要求宝宝必须这样做
B. 哄宝宝听话，给糖果玩具等让宝宝听话
C. 放任不管
D. 不知道怎么做

你的选择是：_____

朝朝妈妈一直觉着自己的小宝宝是一个典型的"暖男"，贴心温和有耐心，直到最近，朝朝妈妈才发现好像不是那么回事。因为，朝朝开始喜欢使用一个词"不要"。妈妈说："宝宝，我们来换衣服好不好？"朝朝头都不抬地说："不要！"妈妈说："宝宝，我们一起去玩小石头吧！"朝朝撅着小嘴巴："不要！"妈妈说："宝宝，我们中午吃面条，好不好？"朝朝脱口而出："不要！"朝朝妈妈开始头疼了，朝朝这是怎么了？怎么突然从"小暖男"变成"小恶魔"了？什么时候才能变回来呢？

（1）宝宝为什么总是喜欢说"不"？

从年龄发育特点来看，1岁半至2岁的宝宝经常说"不"是很正常的现象，这意味着宝宝有了自我意识，在认知发育上又前进了一大步。此时宝宝的语言刚刚成熟，当他意识到自己可以通过语言来表达自己的意志时，就会乐此不疲地说"不"。事实上很多宝宝在说"不"的时候，都不清楚自己是真的不想要还是嘴上说说而已。

从爸爸妈妈的反应来看，宝宝在说"不"的时候，显然比乖乖顺从时获得了爸爸妈妈更多的关注，比如，爸爸妈妈可能会多问一句"为什么呀？"宝宝就多了一次表达机会。宝宝通过说"不"能够实现自己想法的充分表达，所以宝宝才会一再地说"不"。

（2）爸爸妈妈怎么做，才能轻松应对总说"不"的宝宝呢？

第一，调整心态，放手让宝宝成长。当宝宝第一次发出不同的声音时，爸爸妈妈应该感到的是喜悦而不是沮丧，因为这是宝宝成长的必经之路。爸爸妈妈首先要静下心来，听宝宝把话说完，循循善诱地问出"你不要穿衣服，是因为什么呢？是因为觉得穿衣服太麻烦，还是因为不想妈妈打扰你玩耍？"而不是斩钉截铁地打断、拒绝。唯有爸爸妈妈学会放手，宝宝才能学会成长。

第二，从技巧上提供有限选择，让宝宝做决定。在确实需要穿衣服、吃饭的时候，爸爸妈妈可以提供给宝宝有限的选择，用"宝宝，我们是先穿上衣还是先穿裤子呢？你来决定。"来替代"宝宝，我们来穿衣服好不好？"有限的选择既能满足宝宝的自我意识发展，又能实现爸爸妈妈的期待，而"你来决定"这句有魔力的话，会让宝宝的自信心和独立性提高，足以配合爸爸妈妈完成每一项任务。

3. 我问宝宝为什么这么做，她却总是不回答，怎么才能走进宝宝的内心世界呢？

在悠悠的成长日记里，悠悠妈妈记录了最近发生的许多令人啼笑皆非的事情：

某日，悠悠一定要自己用钥匙开门，打不开就哭，别人一旦帮忙，他就躺地上哭。

某日，悠悠坐地铁一定要自己刷公交卡，不然就得重新刷一次。

某日，31℃的室温，且没开空调，悠悠却一定要抱着他的小被子睡，谁要拦他，他就跟谁急。

妈妈还写了一条重点提示：悠悠放的东西，别人千万不能碰，动了之后，任你怎么放都不是原来的样子！

悠悠妈妈在享受悠悠成长点滴的同时，也很好奇宝宝的小脑袋里到底想的是什么，居然做出这么可笑又可气的行为？但是当她问悠悠："宝宝，你为什么一定要抱着小被子睡呀？"悠悠却一脸迷惘，一言不发。爸爸妈妈怎么才能走进宝宝的内心世界呢？

（1）宝宝为什么不回答妈妈的问题呢？

第一，从宝宝的语言发育来看，听不懂"为什么"是非常正常的现象。因果关系是比较高级的逻辑关系，宝宝还无法理解"为什么"这么高级的词汇。大概要到幼儿园阶段，宝宝才能真正理解爸爸妈妈问的"为什么"以及知道该怎么回答。

第二，从爸爸妈妈的反馈来看，宝宝即使说了，爸爸妈妈可能也并不当回事。在宝宝表达出他的想法后，我们常常或哈哈大笑或说些"这有什么可玩的？"之类的不理解他的话语，而就在这不经意间，宝宝对我们关上了内心的那扇门。

（2）爸爸妈妈怎么才能知道宝宝到底在想什么呢？

第一，从婴儿时期，努力倾听宝宝的心声。要想走进宝宝的内心世界，没有捷径，只有长期的用心积累，才能让宝宝敞开心扉。如果爸爸妈妈从来没有认真倾听过宝宝内心的声音，那么他到了青春期，爸爸妈妈会做什么呢？偷看他的日记、窥探他的秘密，但却始终无法走进他的内心世界。

第二，不走神、不打断，让宝宝努力表达自己。不走神，是指爸爸妈妈在听宝宝说话时，看着他的眼睛，而不是一边看手机或做家务，一边听他说话。不打断，是指当宝宝努力表达自己时，如"那个圆形的……盖子……盖……盖到……盖到……"在他还没说完前，爸爸妈妈不打断。爸爸妈妈也不要着急帮助宝宝补充

"那个圆形的盖子，盖到了酸奶瓶上了"。因为这样会让宝宝感到自己是"无能"的，同时学会了偷懒。不评判，是指宝宝在语言发展期，说对说错都很正常，给宝宝提供一个"无评价"的环境，会让他特别有安全感。爸爸妈妈要让宝宝知道不管他说得对错好坏，都是可以被接纳的。这会让宝宝特别乐于说、特别敢说。

瑞士著名诗人、小说家卡尔·斯皮特勒曾说过："微笑乃是具有多重意义的语言。"有时无声胜有声，用微笑给孩子等待，用行动给孩子指引，用语言给孩子鼓励，好父母胜过好老师，你准备好成为好老师了吗？

小练习：

1. 你家宝宝是否也出现过不配合的情况，你是如何处理的？

_____
_____

2. 你打算做些什么走进孩子的内心呢？

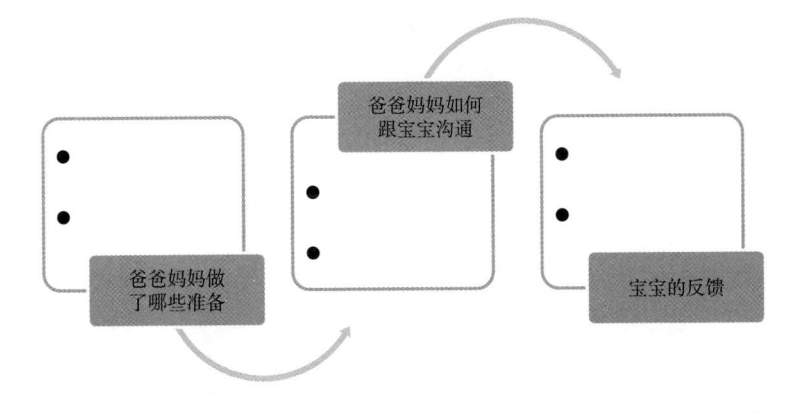

```
         ┌─────────────┐
         │ 爸爸妈妈如何 │
         │  跟宝宝沟通  │
         └─────────────┘
┌─────────────┐  ┌─────────────┐  ┌─────────────┐
│     •       │  │     •       │  │     •       │
│     •       │  │     •       │  │     •       │
│             │  │             │  │             │
│ 爸爸妈妈做  │  │             │  │  宝宝的反馈 │
│ 了哪些准备  │  │             │  │             │
└─────────────┘  └─────────────┘  └─────────────┘
```